U0525226

项目资助：

央地共建项目"应用经济学学科建设"（编号：680218001）

中国博士后科学基金资助项目"成渝地区双城经济圈对东盟投资研究"（编号：2020M673150）

重庆市重大决策咨询研究课题"重庆长江经济带'生态优先绿色发展'战略研究"（编号：2018ZB-06）

重庆市社会科学规划项目"重庆农村产业融合与互联网金融服务创新的协同机制及模式研究"（编号：2018QNJJ17）

重庆工商大学科研经费启动项目"'一带一路'绿色发展的金融服务创新与政策协同研究"（编号：1955040）

重庆工商大学东南亚研究中心项目"'一带一路'沿线国家绿色发展合作机制及模式研究"（编号：KFJJ2019025）

外商直接投资与中国绿色全要素
生产率增长

郑强 ◎ 著

中国社会科学出版社

图书在版编目（CIP）数据

外商直接投资与中国绿色全要素生产率增长 / 郑强著 .
—北京：中国社会科学出版社，2020.7
ISBN 978 - 7 - 5203 - 6666 - 3

Ⅰ.①外⋯ Ⅱ.①郑⋯ Ⅲ.①外商直接投资—关系—绿色经济—全要素生产率—劳动生产率增长速度—研究—中国 Ⅳ.① F832.6 ② F249.22

中国版本图书馆 CIP 数据核字（2020）第 097571 号

出 版 人	赵剑英
责任编辑	刘晓红
责任校对	周晓东
责任印制	戴　宽

出　　版	中国社会科学出版社
社　　址	北京鼓楼西大街甲 158 号
邮　　编	100720
网　　址	http://www.csspw.cn
发 行 部	010 - 84083685
门 市 部	010 - 84029450
经　　销	新华书店及其他书店

印刷装订	北京市十月印刷有限公司
版　　次	2020 年 7 月第 1 版
印　　次	2020 年 7 月第 1 次印刷

开　　本	710×1000　1/16
印　　张	11.75
插　　页	2
字　　数	200 千字
定　　价	76.00 元

凡购买中国社会科学出版社图书，如有质量问题请与本社营销中心联系调换
电话：010 - 84083683
版权所有　侵权必究

前言

本书是关于外商直接投资与中国绿色全要素生产率增长的理论与实证研究的专著。改革开放以来，中国创造的经济增长"奇迹"举世瞩目。然而，在中国经济总量逐渐攀升的背后，却暗藏着资源匮乏和环境恶化等隐忧。为破解这一发展困局，中国"十三五"规划提出了绿色发展理念，即强调"坚持走生产发展、生活富裕、生态良好的文明发展道路，并加快建设资源节约型和环境友好型社会"。要实现绿色发展，其关键在于推动经济发展方式从外延式向内涵式转变，促进绿色全要素生产率的全面提升，并不断扩大其对绿色增长的贡献份额。要促进绿色全要素生产率增长，则需要综合考量国内自主创新和国际技术溢出等内外在因素。随着经济开放程度的不断深化，中国引进外商直接投资的规模也在逐渐扩大。外商直接投资的涌入在广泛作用于中国经济发展的同时，也深刻影响着中国区域环境质量。因而，在经济转型背景下，系统探究外商直接投资与中国绿色全要素生产率增长的关系具有重要的理论和现实意义。本书的主要内容、主要结论、重要观点、政策建议如下。

一　主要内容

（1）系统构建了外商直接投资与中国绿色全要素生产率增长的理论分析框架。科学界定了外商直接投资和绿色全要素生产率的概念及内涵，并从外商直接投资的资本形成、技术转移、技术溢出和环境溢出效应四个方面，全面分析了外商直接投资对绿色全要素生产率增长的影响机理。

（2）统计分析了外商直接投资与中国绿色全要素生产率增长的现状及问题。首先描述性分析了全球和中国利用外商直接投资的现状及问题，然后将能源消耗和环境污染综合指数分别作为投入要素和非合意产出纳入测算框架，采用非径向、非角度的 SBM 模型和 DEA-GML 指数，测算了中国省际绿色全要素生产率，并从时间和地区维度对其进行了深入分析。

（3）实证研究了外商直接投资对中国绿色全要素生产率增长的影响。基于 2003—2014 年中国省际面板数据，利用"OLS+稳健标准误"、系统 GMM、空间误差收敛和门槛回归等方法，实证检验了外商直接投资对中国绿色全要素生产率的影响及其区域差异，以及区域差异产生的原因。

（4）科学设计了外商直接投资驱动中国绿色全要素生产率增长的长效机制。基于理论和实证研究结论，并结合中国实际情况，从资本形成、技术吸纳和环境治理三个层面，设计了外商直接投资驱动中国绿色全要素生产率增长的长效机制，并提出了促进中国绿色全要素生产率持续增长的政策建议。

二　主要结论

（1）考察期内中国绿色全要素生产率整体呈下降趋势，且具有明显的阶段性和区域异质性特征。测算结果表明，2003—2014 年中国绿色全要素生产率的平均增长率为 –0.92%，意味着样本期内中国绿色全要素生产率整体呈下降趋势，但它具有明显的阶段性特征。2003—2009 年中国绿色全要素生产率呈下滑趋势，但下滑幅度逐步缩小。2009—2014 年中国绿色全要素生产率则呈上升态势。同时，从绿色全要素生产率分解结果来看，绿色技术效率的下降是中国绿色全要素生产率下滑的主要原因。此外，考察期内中国绿色全要素生产率存在明显的区域差异，且呈现沿海、沿边和内陆地区梯度递减的空间格局。

（2）总体而言，外商直接投资的流入显著促进了中国绿色全要素生产率增长。系统 GMM 回归结果表明，整体而言，外商直接投资的流入促进了中国绿色全要素生产率的增长。这可能是因为外商直接投资带来的先进生产技术、环保技术和管理经验通过示范—模仿、市场竞争、人员流动和产业关联等效应，带动了当地企业改进生产工艺，实行清洁生产，降低了能源消耗和环境污染水平，并优化产业结构，推动绿色技术进步和绿色技术效率改善，从而促进绿色全要素生产率增长。

（3）外商直接投资对中国绿色全要素生产率的影响存在显著的区域差异。系统 GMM 回归结果表明，外商直接投资对中国绿色全要素生产率的影响存在明显的区域差异特征,且集中表现为沿海地区的外商直接投资对当地绿色全要素生产率的正向促进作用最大,内陆地区次之,而沿边地区的正向促进作用不明显。空间误差收敛回归结果表明,中国绿色全要素生产率具有显著的收敛性,且外商直接投资水平的提升对中国绿色全要素生产率的收敛产生了显著的促进作用。

（4）外商直接投资对中国绿色全要素生产率的影响显著存在基于研发投入、人力资本和环境规制的单门槛效应。门槛回归结果表明,地区不同的研发投入、人力资本和环境规制水平是导致外商直接投资对中国绿色全要素生产率影响产生区域差异的重要原因,且外商直接投资对中国绿色全要素生产率的影响显著存在基于研发投入、人力资本和环境规制的单门槛效应。研发资本投入和人力资本水平越高,外商直接投资对中国绿色全要素生产率的正向影响越显著。同时,适度提高环境规制水平,也有助于外商直接投资对中国绿色全要素生产率的正向促进作用的发挥。

（5）外商直接投资有效驱动中国绿色全要素生产率增长离不开科学的长效机制。具体包括三大长效机制：外商直接投资加速资本积累、促进技术吸纳和规避环境污染的长效机制。其中,外商直接投资加速资本积累的长效机制包括动态监管机制、内企成长机制和金融支撑机制；外商直接投资促进技术吸纳的长效机制包括政策诱导机制、产业对接机制和人才培育机制；外商直接投资规避环境污染的长效机制包括生态预警机制、环境规制机制和协同激励机制。

三　重要观点

（1）绿色全要素生产率是绿色经济增长的主要动力源泉,也是衡量中国绿色发展质量的重要指标。在资源环境约束趋紧背景下,推动经济发展方式从外延式向内涵式转变,促进绿色全要素生产率的持续增长已成为中国经济转型的关键所在。

（2）驱动绿色全要素生产率提升,促进绿色经济发展,需要综合考量国内外因素,尤其是在经济全球化步伐加快和中国对外开放不断深化的背景下,要充分发挥外商直接投资对中国绿色全要素生产率增长的正向溢出效应。

（3）由于中国各地区在经济和社会等方面存在一定差异,外商直接投资对各地区绿色全要素生产率的影响也有所不同。因而需要各地区充分结合自身资源禀赋特征，实行差异化的引资策略，以有效推动中国绿色全要素生产率持续增长。

四 政策建议

（1）推动绿色技术进步，提升绿色技术效率。在强化原始创新的基础上，科学引进并消化国外先进技术，以综合提高国家技术创新能力。同时充分挖掘现有技术资源的潜能，提升其利用效率，从而有效地推动绿色全要素生产率增长。

（2）树立绿色发展理念，统筹区域协调发展。各地区以绿色发展理念为导向，因地制宜推动当地绿色发展。内陆地区实施"绿色崛起"战略，走可持续发展道路；沿边地区坚持生态优先，发展生态科技；沿海地区引领产业结构优化升级，严控环保准入门槛，加快经济发展方式向绿色化转变。

（3）提高对外开放水平，引进优质绿色外资。全方位地提高对外开放水平，一如既往地积极引进并监督外商直接投资，加快引资模式从"数量"向"质量"、"被动吸收"向"主动抉择"转变，并高度重视外商直接投资流入的环境效益。

（4）认清地区禀赋特征，实施差异引资策略。吸收能力较强的地区应积极引进优质绿色外资，并探寻外资引进与绿色全要素生产率增长的最佳契合点；吸收能力较弱的地区应谨慎地、有选择性地引进外资，且以完善吸收能力体系为主，使其达到相应"门槛"之上，以便充分发挥外商直接投资对绿色全要素生产率的正向溢出效应。

本书是在我的博士学位论文基础上修改而成的，也凝结了众多人的帮助和关怀。首先，我要诚挚感谢我的博士生导师冉光和教授、博士后导师李敬研究员、杨果研究员、张林副教授、田庆刚博士、邓睿博士、李晓龙博士等良师益友的指导和帮助。特别感谢我的父母、岳父岳母、夫人苏鹃对我的关怀和鼓励。我还要衷心感谢央地共建项目"应用经济学学科建设"（编号：680218001）、重庆工商大学科研经费启动项目"'一带一路'绿色发展的金融服务创新与政策协同研究"（编号：1955040）、重庆工商大学东南亚研究中心项目"'一带一路'沿线国家绿色发展合作机制及模式研究"

（编号：KFJJ2019025）的资助以及中国社会科学出版社、重庆工商大学、重庆大学的大力支持和帮助。需要指出的是，研究中存在的缺点及错误由笔者负责。

郑　强

2019 年 12 月 20 日

目录

第一章 绪论 / 1

第一节 研究的问题及背景 / 1
第二节 研究的目标及思路 / 6
第三节 研究的内容及方法 / 7
第四节 研究的资料及来源 / 9
第五节 研究的特色及创新 / 10

第二章 理论借鉴、文献综述与经验考察 / 12

第一节 理论借鉴 / 12
第二节 文献综述 / 19
第三节 经验考察 / 35
第四节 本章小结 / 40

第三章 FDI 对东道国 GTFP 影响的理论分析框架 / 41

第一节 FDI 与 GTFP 的相关概念界定 / 41
第二节 FDI 对东道国 GTFP 影响的机理分析 / 49
第三节 本章小结 / 67

第四章 FDI 与中国 GTFP 的现状及问题分析 / 68

第一节 FDI 的总体发展现状与特征 / 68
第二节 中国 GTFP 的测算与分析 / 89
第三节 FDI 与中国 GTFP 存在的问题分析 / 100
第四节 本章小结 / 101

第五章　FDI 对中国 GTFP 影响的总体检验　/ 102

第一节　模型设定与估计方法　/ 102
第二节　变量选取与数据说明　/ 106
第三节　经验检验与结果分析　/ 109
第四节　本章小结　/ 115

第六章　FDI 对中国 GTFP 影响的区域差异检验　/ 116

第一节　模型设定与估计方法　/ 116
第二节　经验检验与结果分析　/ 120
第三节　本章小结　/ 124

第七章　FDI 对中国 GTFP 影响的区域差异原因分析　/ 126

第一节　理论分析　/ 126
第二节　模型设定与估计方法　/ 130
第三节　经验检验与结果分析　/ 132
第四节　本章小结　/ 138

第八章　FDI 驱动中国 GTFP 增长的机制设计　/ 139

第一节　FDI 加速资本积累的长效机制　/ 139
第二节　FDI 促进技术吸纳的长效机制　/ 142
第三节　FDI 规避环境污染的长效机制　/ 145
第四节　本章小结　/ 148

第九章　研究结论、政策建议与研究展望　/ 149

第一节　研究结论　/ 149
第二节　政策建议　/ 151
第三节　研究展望　/ 154

参考文献 / 155

第一章 绪 论

本书是关于外商直接投资与中国绿色全要素生产率增长关系的理论与实证研究。本章作为全书的导入部分,其主要目的在于为全书勾勒出一个清晰的研究框架,并分别介绍本书的具体问题及背景、研究的理论价值及实践意义、研究的总体目标及思路、研究的内容及方法、研究的资料及来源、研究的特色及创新。

第一节 研究的问题及背景

全要素生产率(Total Factor Productivity,TFP)是经济持续增长的来源和内生演化动力,也是衡量一个国家(地区)经济增长质量的重要指标,而且全要素生产率增长主要源自知识溢出和技术创新。在经济全球化视野下,"他山之石,可以攻玉"为知识溢出和技术创新指明了除国内自主创新之外的新渠道——国际技术溢出。外商直接投资(Foreign Direct Investment,FDI)是国际技术溢出的一条重要途径,且 FDI 技术溢出会作用于当地 TFP 增长,这一点正逐渐被众多研究所证实(蒋樟生,2017)。然而,这些文献对全要素生产率的测算大多只考虑了资本、劳动等投入要素,而忽略了资源和环境的约束,这可能导致估计结果存在一定偏差。因为在可持续发展理念中,资源和环境不仅是经济发展的内生变量,还是经济发展规模和速度的刚性约束。若忽视资源环境因素,则可能扭曲对经济发展绩效和社会福利变化的评价,从而误导政策建议(Hailu and Veeman,2000;Feng and Serletis,2014)。因而有必要系统探究外商直接投资与中国绿色全要素生产率（Green Total Factor Productivity，GTFP）之间的关系问题。

近年来，有关绿色全要素生产率增长和绿色发展问题的研究不仅引起了学术界的广泛关注，还受到了中央政府的高度重视，并强调努力转变经济发展方式，实现经济的绿色增长，同时采取科学的引资政策来推动国内产业结构升级和绿色技术进步。但在利用外商直接投资驱动绿色发展的实践过程中仍然暴露出一些问题，并在一定程度上影响了外商直接投资驱动绿色发展的实际效果，其主要体现在以下两个方面：一是外商直接投资可能带来的环境污染问题。在"GDP崇拜"和政治晋升利益驱使下，中国部分地方政府热衷于锦标式的FDI竞争，甚至一些地方政府不惜降低环境标准来吸引FDI，即"引资逐底竞争"。但这种引资方式容易吸引污染型FDI，并使当地产业结构重污染化，从而加剧当地环境污染。二是外商直接投资与绿色发展的区域不协调问题。由于中国长期实行非均衡的区域经济发展战略，导致中国各地区在招商引资和绿色发展方面存在较大差距，其集中表现为：沿海地区的地理区位和经济基础较好，且是改革开放和对外贸易的"排头兵"，使其引资规模和质量高于内陆和沿边地区。

任何研究都需置于特定的背景下进行，脱离特定背景的研究所得结论和政策建议可能出现一定偏误或失真，外商直接投资与中国绿色全要素生产率增长的理论和实证研究也不例外。因此，本书尝试从理论和现实角度系统阐述外商直接投资对中国绿色全要素生产率影响的研究背景。

一 理论背景

任何研究都离不开相应的理论支撑，离开理论支撑的研究缺乏足够的说服力，对外商直接投资与中国绿色全要素生产率增长关系的研究也不例外。尽管目前直接研究外商直接投资对中国绿色全要素生产率影响的文献较少，但针对外商直接投资的技术溢出效应、全要素生产率和环境技术研究的理论文献较为丰富，而且通过引进外商直接投资，并利用其带来的先进生产技术和管理经验等来推动当地产业结构升级和技术进步已逐步获得国内外理论界多数学者的认可和推崇。这些理论研究成果不但包含了可以直接吸收和引用的西方经济学理论及其方法体系，还包含了在此基础上的继承和拓展，这也为本书的顺利开展和寻求新的突破奠定了坚实的理论基础。

二 现实背景

除了上述理论背景分析之外，还需对现实背景展开相应的分析。因此，本书将从以下四个方面系统阐释外商直接投资与中国绿色全要素生产率增长关系问题的现实背景：

（一）中国经济新常态背景

改革开放以来，中国经济以年均9%左右的增长率高速增长，并创造了一系列增长"奇迹"。然而，随着中国经济增长的内在条件和外部环境发生深刻变化，经济增长逐步驶入"三期叠加"[①]的新常态轨道，并呈现出一些新的特征，其具体表现如下：一是经济增速从高速向中高速换挡。伴随快速工业化带来的"结构性加速"福利的消失，中国经济已逐渐进入"结构性减速"时代（孙叶飞等，2016）。2012年之前，中国经济平均以10%左右的速度高速增长。2012年之后，中国经济开始呈现结构性下滑态势，2012—2016年中国经济增长率分别为7.8%、7.7%、7.4%、6.9%和6.7%[②]，而且年均7%左右的增速很可能是中国未来一段时期内的经济增速常态。二是结构调整从结构失衡向优化再平衡转换。从产业结构来看，中国从工业大国逐渐向服务业强国蜕变。在出口和投资拉动下，中国迅速崛起为工业大国。自1990年以来，中国工业占GDP的比例一直保持在40%以上，但随着全球金融海啸的爆发，需求大幅萎缩，"四万亿刺激计划"带来严重的工业产能过剩，随后中国工业占比开始加速下滑，服务业占比半被动、半主动地获得提升。到2015年，第三产业对GDP的贡献率（53.7%）首次超过第二产业（41.6%）[③]，三次产业的结构顺序也首次变为"三二一"。从质量结构来看，中国经济从"吹泡沫"向"挤水分"转换，并实现有效益、有质量的增长。这也意味着必须刺破过去GDP导向下盲目吹起的"泡泡"，从投资、消费和出口等方面挤出经济增长的"水分"。从金融结构来

[①] "三期叠加"通常是指经济增速换挡期、结构调整阵痛期和前期刺激政策消化期。

[②] 资料来源：国家统计局发布的2012—2016年中国国民经济和社会发展统计公报。

[③] 资料来源：2016年《中国统计年鉴》。

看，中国逐渐打破金融垄断，并让利实体经济。三是经济增长动力从要素、投资驱动向创新驱动转换。长期以来，中国经济增长主要依靠要素和投资来驱动，这种传统经济增长方式具有"三高一低"（高投入、高能耗、高污染和低产出）的典型特征，这不仅导致了中国经济"大而不强，快而不优"（张林，2016），还在一定程度上阻碍了中国经济的可持续发展。因此，中国未来的经济增长应以创新为主要驱动力，并更多地依靠人力资本积累和绿色技术进步，从而提升绿色全要素生产率，促进绿色发展。

（二）"中国制造2025"和"工业4.0"背景

随着人类社会的不断进步和发展，以"互联网+"为核心，以智能制造为主导，以大数据、云计算、物联网、智能机器人和3D打印技术等为重要内容的工业4.0时代正迎面而来。这也预示着社会经济结构、人们生活结构、国际经贸关系和全球制造体系等将再次发生重大改变。为顺应这一时代潮流和国际产业变革形势，中国提出了"中国制造2025"的制造强国战略，以全面提升中国制造业发展质量和水平，其"诞生"过程如下：2014年12月，"中国制造2025"的概念首次"出炉"；2015年5月8日，国务院正式印发《中国制造2025》；2016年4月6日，国务院常务会议通过了《装备制造业标准化和质量提升规划》，并要求无缝对接《中国制造2025》。《中国制造2025》是中国政府实施制造强国战略的第一个十年行动纲领，并强调贯彻"创新驱动、质量为先、绿色发展、结构优化和人才为本"的基本方针，其根本目标在于扭转中国制造业"大而不强"的尴尬局面，通过十年的努力和奋斗，使中国跻身世界制造强国之列，并为2045年中国建成具有全球引领地位的制造强国打下良好的基础。从中国吸收FDI的行业来看，FDI主要流入了中国制造业，且制造业水平在很大程度上能够反映人力资本水平和科技水平。因而，如何合理引进FDI来促进制造业健康发展和技术进步，是亟待解决的现实问题。

（三）中国资源环境约束趋紧背景

改革开放以来，中国经济高速发展的同时，资源匮乏和环境恶化问题也日益凸显。据相关报道，当前中国90%的地下水存在不同程度的污染，其中已不能饮用的浅层地下水面积占比接近60%（袁润松等，2016）。而且，近年来中国部分地区和城市经常遭遇十面"霾"伏。国家统计局数据显示，2016年，在监测的338个城市中，空气质量达标的城市仅占

24.9%，而超标的城市占比高达75.1%。资源环境问题以一种前所未有的"裸露"之态走入公众视野，并引起了社会各界的高度关注。于是，中国政府在"十三五"规划中提出了绿色发展理念，并强调"坚持走生产发展、生活富裕、生态良好的文明发展道路，并加快建设资源节约型和环境友好型社会"。而实现绿色发展的关键在于推动经济发展方式从外延式向内涵式转变，促进绿色全要素生产率的全面提升，并不断扩大其对绿色增长的贡献份额。因而积极探索资源节约、环境友好的绿色发展新模式，有效促进绿色全要素生产率持续增长，成为中国走出经济、资源和环境等多重困境的必然选择。

（四）中国大规模吸收外商直接投资背景

改革开放以来，中国致力于营造良好的引资环境和实施一系列优惠政策（自贸区的设立）来吸引外商直接投资，并取得了显著的成效。外商直接投资的涌入为中国经济发展带来了新活力，并成为中国经济增长"奇迹"的核心引擎之一。据国家商务部统计，截至2016年，中国吸引外商直接投资新设立企业27900家，且外商直接投资的实际利用额高达1260亿美元。同时，中国外资流入量为1390亿美元，仅次于美国和英国，位居世界第三位[①]。然而，中国在大规模吸收外商直接投资的同时，也面临全球外资从涨潮向退潮转变的国际资本流动新局势。而且随着欧美经济的"逆差纠正式复苏"，全球资本将加速回流中心国家。在此背景下，中国应采取何种引资政策以稳固其全球引资地位，并有效发挥FDI的正向溢出效应，值得我们深入探讨。

基于上述背景，本书认为系统探究外商直接投资对中国绿色全要素生产率增长的影响机制，对中国合理引进外商直接投资，促进绿色发展，具有重要的理论价值和现实意义。

从理论角度来看，在全面归纳、总结现有相关研究成果的基础上，紧密结合中国经济转型发展的事实，构建外商直接投资与中国绿色全要素生产率增长关系的理论分析框架，实证研究外商直接投资对中国绿色全要素生产率的影响及其区域差异，并系统设计外商直接投资驱动中国绿色全要素生产率增长的长效机制，这不仅有利于丰富已有关于外商直接投资与中

---

① 资料来源：2016年《世界投资报告》。

国绿色全要素生产率增长的研究成果，还可以为中国绿色全要素生产率的提升、绿色技术进步和绿色发展提供一定理论支撑。

从实践角度来看，在中国经济新常态和经济转轨关键时期的背景下，全面提高绿色全要素生产率并不断扩大其对经济增长的贡献份额是促进中国绿色发展的正确思维和明智选择。科学测算中国绿色全要素生产率并深入剖析其时序特征和区域差异，有助于社会各界更清晰地认识中国绿色全要素生产率的真实水平。同时，系统考察外商直接投资对中国绿色全要素生产率增长的影响及其区域差异，并得到一些新的研究成果，可以为中央和地方政府制定招商引资和绿色发展政策提供一定的现实依据，进而有效推动中国区域经济协调、持续、健康发展。

第二节　研究的目标及思路

本书的研究目标是采用科学的理论和方法，结合中国实际情况，系统探究外商直接投资与中国绿色全要素生产率增长之间面临的问题、产生的影响、合理的协调机制以及政策建议，并为促进中国绿色全要素生产率持续增长和绿色发展提供理论和实践依据。

本书的研究思路为：首先，在系统回顾外商直接投资和绿色全要素生产率的经典理论前提下，全面总结国内外有关外商直接投资和绿色全要素生产率的文献成果以及世界主要国家的引资经验和教训，并科学界定外商直接投资和绿色全要素生产率的相关概念，深入剖析外商直接投资对东道国绿色全要素生产率的影响机理。其次，综合评估中国绿色全要素生产率水平，并从历史演进角度深入分析外商直接投资发展现状、特征及问题。在此基础上，运用计量经济学工具，实证研究外商直接投资对中国绿色全要素生产率的影响及其区域差异，并进一步探查区域差异产生的主要原因。最后，合理设计外商直接投资驱动中国绿色全要素生产率增长的长效机制，并提出促进中国绿色全要素生产率持续增长的政策建议，以期为中国各级部门制定环境保护、招商引资和绿色发展政策提供一定的参考。

本书属于问题导向型应用研究，在实际研究过程中严格遵循"理论研究—实证研究—政策研究"的应用经济学研究一般过程，其具体研究技术路线如图 1-1 所示。

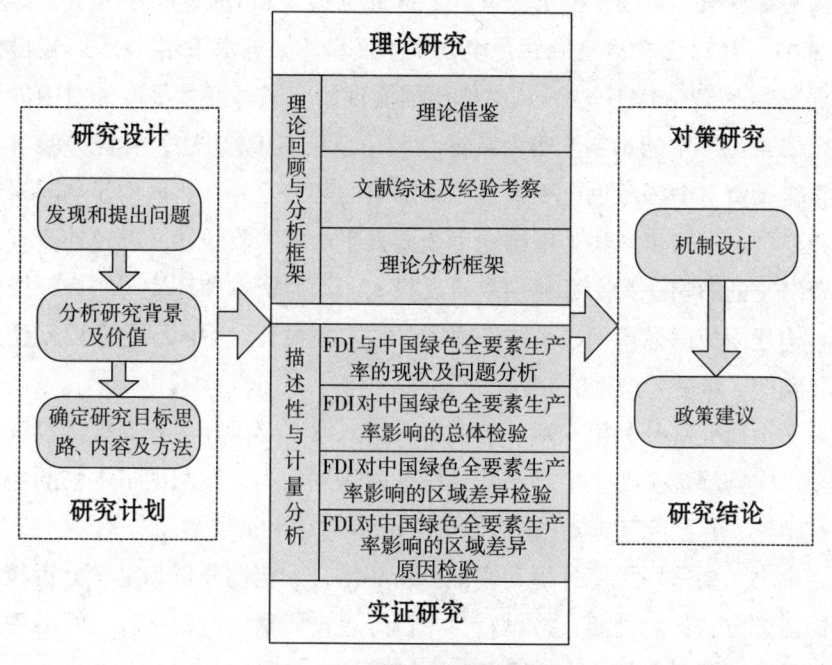

图 1-1 本书研究的技术路线

第三节 研究的内容及方法

外商直接投资与中国绿色全要素生产率增长研究作为基于理论和实证的对策研究，其主要内容包括绪论、理论研究、实证研究和对策研究四大部分，即：

绪论部分为第一章，主要阐述本书研究的问题及背景、研究的目标及思路、研究的内容及方法、研究的资料及来源、研究的特色及创新。

理论研究部分包括第二章和第三章。第二章主要回顾了相关理论基础，梳理了国内外研究现状，并总结了国际实践经验及其对中国的启示。第三章构建了理论分析框架，其主要包括外商直接投资和绿色全要素生产率的相关概念界定、外商直接投资对中国绿色全要素生产率影响的机理分析。

实证研究部分包括第四章至第七章。第四章借助描述性统计分析方法，深入分析了全球外商直接投资发展趋势和中国利用外商直接投资的现状及问题,并将能源消耗和环境污染综合指数分别作为投入要素和非合意产出纳入测算框架,采用非径向、非角度的 SBM 模型和 DEA-GML 指数,测算了 2003—2014 年中国省际绿色全要素生产率。第五章采用"OLS+稳健标准误"和系统 GMM 方法,从整体层面实证研究了外商直接投资对中国绿色全要素生产率的影响。第六章继续利用系统 GMM 方法,实证检验了外商直接投资对中国绿色全要素生产率影响的区域差异,然后构建空间误差收敛模型,进一步考察了中国绿色全要素生产率的收敛性,以及外商直接投资对它的影响。第七章分别以研发投入、人力资本和环境规制为门槛变量,构建面板门槛模型,系统考察了外商直接投资对中国绿色全要素生产率影响的区域差异产生的原因。

对策研究部分为第八章、第九章。第八章主要设计了外商直接投资有效驱动中国绿色全要素生产率增长的长效机制。第九章归纳了本书的主要研究结论,并在此基础上提出了相应的政策建议和研究展望。

本书主要采用规范分析和实证分析相结合、定性分析和定量分析相结合的研究方法,对外商直接投资与中国绿色全要素生产率增长之间的关系进行了系统探究。其具体的研究方法包括:

一 综合指数测度法

本书甄选工业废水、工业废气、工业二氧化硫、工业烟尘排放量和工业固体废弃物产生量五类具有代表性的污染指标,构建环境污染评价指标体系,并采用改进熵值法和线性加权求和法拟合环境污染综合指数,以较为全面地反映地区环境污染水平,并提高中国绿色全要素生产率测算的准确性。

二 DEA-GML 指数法

本书在总结现有文献有关绿色全要素生产率测算方法的基础上,采用考虑非合意产出和松弛问题的非径向、非角度 SBM 模型,并结合 DEA-GML 指数法,测算了 2003—2014 年中国省际绿色全要素生产率。

三 描述性统计分析法

本书采用描述性统计分析方法,从时间和地区两个维度系统分析了全球和中国利用外商直接投资的现状、特征及问题。

四 计量模型研究方法

本书基于外商直接投资与中国绿色全要素生产率关系的理论分析,利用 2003—2014 年中国省际面板数据,并采用 "OLS+ 稳健标准误"、系统 GMM、空间误差收敛、门槛回归等计量分析方法,实证研究了外商直接投资对中国绿色全要素生产率的影响及其区域差异。

第四节 研究的资料及来源

本书所借鉴的研究资料主要来源于以下几个方面:

一 国内外相关论著

本书主要借鉴了纳克斯著(瑾斋译)的《不发达国家的资本形成问题》、李平的《技术扩散理论及实证研究》、孟维华的《生产率的绿色内涵:基于生态足迹的资源生产率和全要素生产率计算》和陈强的《高级计量经济学及 Stata 应用(第二版)》等国内外论著。

二 国内外权威学术期刊

本书主要参考了 American Economic Review、Economic Journal、Journal of Econometrics、Journal of International Economics、Journal of Monetary Economics、Journal of Public Economics、Rand Journal of Economics、European Economic Review、《中国社会科学》、《经济研究》、《管理世界》、《经济学(季刊)》、《世界经济》、《金融研究》、《数量经济技术经济研究》和《中国工业经济》等国内外权威学术期刊。

三 权威统计年鉴和权威数据网站

本书的宏观数据资料主要来自历年的《中国统计年鉴》《中国环境年鉴》《中国环境统计年鉴》《中国能源统计年鉴》《中国科技统计年鉴》和各地区统计年鉴,以及国家统计局、国家商务部、中经网和中国投资指南网等权威数据网站。

四 数据处理

本书借助 Stata12.0、MaxDEA Pro6.4 等软件对相关数据进行了数据处理和回归分析。在实证研究过程中，本书结合具体问题对相关数据进行了一定处理。例如，为了数据的可比性，对涉及货币计量的变量均以 2003 年为基期进行 GDP 平减调整。为了数据的平滑性，对非比值型变量进行取对数处理。为了削弱异常值（离群值）对估计的影响，对部分连续变量进行缩尾处理。本书所有数据处理过程和方法均在相应部分进行了详细说明。对于借鉴或引用的数据、报刊和文献资料，本书均以脚注形式加以标注或在参考文献中逐一列出。

第五节 研究的特色及创新

本书主要有以下几点特色和创新：

一是探索性构建了外商直接投资对中国绿色全要素生产率影响的理论分析框架。本书在借鉴已有研究成果的基础上，丰富了绿色全要素生产率的概念及内涵。同时在一定程度上突破了现有理论以外商直接投资的技术溢出为理论分析主线的现状，从外商直接投资的资本形成、技术转移、技术溢出和环境溢出效应四个方面，综合分析了外商直接投资对中国绿色全要素生产率的影响机理。

二是已有研究常用径向、角度的 SBM 模型和 DEA-ML 指数来测度绿色全要素生产率，但径向、角度的 SBM 模型忽视了松弛问题，可能导致测算结果存在一定偏差。同时，ML 指数不具有传递性和循环性，且在计算跨期方向性距离函数时，可能碰到线性规划无解的难题。为弥补上述方法的局限，本书不仅将能源消耗和以改进熵值法拟合的环境污染综合指数分别作为投入要素和非合意产出纳入测算框架，还采用非径向、非角度的 SBM 模型和 DEA-GML 指数，测算了中国省际绿色全要素生产率，并从时间和地区维度对其进行了深入分析。研究发现，样本期内中国绿色全要素生产率整体呈下降趋势，且存在沿海、沿边和内陆地区梯度递减的空间格局。

　　三是现有研究普遍采用传统的收敛方法来分析绿色全要素生产率的收敛性，而忽视了空间溢出问题。本书将空间效应引入收敛模型，并构建空间误差收敛模型，系统考察了中国绿色全要素生产率的收敛性，以及外商直接投资对它的影响。研究发现，中国绿色全要素生产率存在收敛性，且外商直接投资对中国绿色全要素生产率的收敛具有显著的促进作用。

　　四是尽管少数文献初步研究了外商直接投资对中国绿色全要素生产率的区域差异，但并未深究其原因。本书则从区域差异和吸收能力的双重视角，系统考察了外商直接投资对中国绿色全要素生产率影响的区域差异产生的原因机制。研究发现，外商直接投资对中国绿色全要素生产率的影响显著存在基于研发投入、人力资本和环境规制的单门槛效应。

第二章
理论借鉴、文献综述与经验考察

系统探究外商直接投资对中国绿色全要素生产率的影响，需要借鉴前人的理论研究成果和国外的实践经验。本章的目的在于对绿色全要素生产率和外商直接投资相关理论进行系统的回顾和整理，对国内外相关问题的研究成果进行归纳和评述，并总结国外实践经验及其对中国的启示，以期为后续章节的理论突破和实证分析奠定基础。

第一节 理论借鉴

一 外商直接投资相关理论

（一）垄断优势理论

垄断优势理论起源于第二次世界大战后，且在对美国直接投资研究的基础上逐渐发展起来的外商直接投资理论。该理论将国际贸易、国际资本流动和国际直接投资理论分别独立开来，为外商直接投资研究提供了一条新思路。美国经济学家 Hymer（1960）运用传统产业组织理论中的垄断理论分析跨国企业对外直接投资问题，并开创性地提出了垄断优势理论。Hymer 认为应该摒弃传统国际资本移动理论关于完全竞争的假设，而应该基于不完全竞争的视角来研究国际投资问题。不完全竞争是一种偏离完全竞争的市场结构，其主要形式之一就是寡头垄断。国际市场具有产品市场不完全、要素市场不完全、规模经济与外部经济不完全和管理能力不完全四种不完全形态，且这四种不完全形态主要表现为产品、要素、规模和管理方面的差异性，而这种差异性恰好是导致美国企业进行对外直接投资的根本原因。同时，基于国际市场的不完全性特征，跨国企业又存在技术、资本、规模经济、组织管理优势、对原材料供应和销售渠道的垄断优势等。换言之，从生产过程来看，跨国企业可以依靠其技术、资本和管理等优势，有效降低生产经营成本，并挤占东道国企业的市场；从产品市场来看，跨国企业能够依靠其完善的营销渠道进入东道国市场销售其产品，并通过其垄断地位，进行差异化产品定价，从而获得超额利润。随后，Kingdleberger、Johnson 和 Caves 等众多学者对垄断优势理论进行了丰富和发展，并对后续的理论研究产生了深远的影响。他们普遍认为跨国企业之所以存在是由于他们在世界范围内具有某些垄断优势，其具体表现为：一是投资者拥有某些特定优势，借此能够改变其在东道国投资的不利局面；二是不健全的买方市场能够延续这些特定优势。外商直接投资的技术外溢效应正是因为这些优势的存在而产生。

（二）产品生命周期理论

美国哈佛大学教授 Vernon（1966）率先提出了产品生命周期理论。他认为产品类似生物，具有生命周期，其主要包括创新、成熟和标准化三个阶段，且跨国企业会根据不同的生命周期阶段对经营战略进行动态调整。在产品创新阶段，由于技术不成熟和市场规模较小，需要大量的生产和销售渠道建设投入，产品一般放在本国生产和国内市场销售，而对国外其他类似的市场则以少量的出口来满足。在产品成熟阶段，随着国内市场基本饱和，国外市场需求逐渐上升，企业开始大批量生产产品并扩大出口规模。同时，由于生产技术不断进步，市场上也涌现出大量替代品，创始国企业的技术垄断优势逐渐被弱化。此时，企业为了有效降低成本并维持自身的特定优势，便开始进行对外直接投资，并通过在有类似需求的发达国家（地区）投资厂房、设备等，以节约生产成本和规避东道国的贸易壁垒。在产品标准化阶段，由于向发达国家（地区）的直接投资所获取的利润逐渐减少，且发展中国家的原材料价格和劳动力成本低廉的优势日益凸显，跨国企业更倾向对发展中国家进行直接投资。跨国企业的产品不但满足东道国市场的需求，还可以返销至母国市场以及其他海外市场。该理论既阐释了外商直接投资产生的原因，又剖析了生产地迁徙的过程。严兵（2005）则进一步认为产品的生命周期在一定程度上决定了外商直接投资的发展路径，而且发展路径主要由技术创始国对其他国家（地区）的特定优势所决定，这种优势也是外商直接投资的技术溢出效应的主要源泉之一。

（三）内部化优势理论

内部化优势理论最早由英国学者 Buckley 和 Casson（1976）提出，并经 Rugman 等学者不断丰富和发展。该理论以科斯定理为基础，主要研究通过在企业内部建立市场和内部市场替代外部市场，来克服因为市场不完整所导致的供给需求难以正常交换的问题。具体来讲，跨国企业能够通过内化效应实现资源的合理配置，并有效减少生产成本。对外直接投资实质上是企业以所有权的控制和管理的扩张为基础，企业的内部管理替代了外部市场对企业进行资源配置。跨国企业采取内部化决策的主要原因在于：一是某个行业所具有的特定因素，包括该行业生产产品的性质和行业的规模；二是东道国的地理区位、人文环境以及制度因素等；三是东道国其他特定因素，即东道国企业先进的管理经验和健全的组织结构等。若企业将决策权交由某些具有丰富管理经验的高层，这样实行市场内部化的决策将更有利于沟通交流。同时，相较外部市场而言，企业内部化具有如下优势：第一，当买卖双方存在信息不对称，且高昂的交易成本造成交易无法完成时，跨国企业能够通过在东道国新办企业或跨国并购等方式，在企业内部进行交易。第二，如果交易的条件具有不确定性，那么通过海外投资，控股东道国企业，就能够在一定程度上降低这些不确定性因素的影响，并构建稳固的交易条件。第三，跨国企业内部化交易可以尽量减少因东道国政府可能采取利率和税收等外部干预而对跨国企业造成的损失。第四，内部化交易能够按照利益最大化原则，实行偏离市场的定价，并借此转移利润或合理避税。总之，内部化优势理论一致认为特定的知识和技术是跨国企业进行海外投资的核心，也是其对外直接投资的前提条件之一。而在该前提条件下，跨国企业可以通过市场内部化来减少交易成本。同时由于知识和产品方面的内部化，可以帮助跨国企业集中资金用于新产品研发，使其得到更多的溢出成为可能。

（四）国际生产折衷理论

英国著名学者 Dunning（1977）综合了垄断优势理论和内部化理论，并引入区位理论，开创性地提出了国际生产折衷理论。该理论的焦点在于使用较为折衷的办法来阐释跨国企业开展海外投资业务的行为，且认为跨

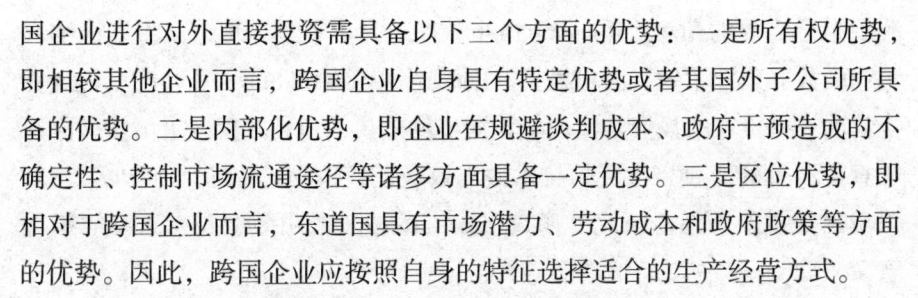

国企业进行对外直接投资需具备以下三个方面的优势：一是所有权优势，即相较其他企业而言，跨国企业自身具有特定优势或者其国外子公司所具备的优势。二是内部化优势，即企业在规避谈判成本、政府干预造成的不确定性、控制市场流通途径等诸多方面具备一定优势。三是区位优势，即相对于跨国企业而言，东道国具有市场潜力、劳动成本和政府政策等方面的优势。因此，跨国企业应按照自身的特征选择适合的生产经营方式。

（五）比较优势理论

比较优势理论，也称边际产业扩张理论，是由日本著名教授 Kojima 于1978年首次提出来的。传统的垄断优势理论主要描绘的是美国式对外直接投资模式，其主体一般是母国具备比较优势产业中的企业，而且该模式强调利用海外投资来维持其优势地位。然而，由于20世纪60年代后日本经济的快速崛起逐渐打破了世界经济的格局，并逐渐从美国独大演变为美国、欧盟和日本齐头并进的世界经济格局。基于上述背景，日本学者认为传统的美国式海外投资理论不再具有广泛的适用性，并根据日本企业的对外直接投资情况，提出了边际产业扩张理论。该理论的主要研究对象不是一个国家的企业，而是一个国家的产业；也不是跨国企业自身，而是投资地的企业或市场。同时，该理论认为对外直接投资应从母国的边际产业（本国已经处于或将处于比较优势且对于投资地而言仍具有比较优势的产业）开始进行，这样可以使投资双方受益。对于投资国来说，利用这种海外投资方式可以将边际产业转移至海外，使母国能够集中精力和财力来发展自身的优势产业。这样不但可以获得较高的回报，还能够为东道国的产品提供较为广阔的市场，方便其出口。对于东道国来说，部分技术和管理经验的流入以及其他资源的合理配置可以在一定程度上推动当地经济发展。此外，这种对外直接投资方式不仅不会导致贸易形式的消失，反而还有利于促进贸易的协调发展以及投资双方在国际分工中得到好处。

二　知识技术溢出相关理论

（一）内生增长理论

内生增长理论认为技术是经济系统中的内生变量，且内生的技术进步能够有效驱动经济增长。Arrow（1962）提出了"干中学"理论，并认为技术进步是推动经济增长的内生变量，而且技术溢出在经济增长过程中扮演着十分重要的角色。Romer（1986）基于"干中学"理论，将知识纳入生产函数并建立了知识溢出模型。Lucas（1988）和Stokey（1988）则进一步认为人力资本的投资是实现知识溢出的重要渠道。尽管内生增长理论并未直接涉及外商直接投资的技术溢出效应，但该理论中的"干中学"、知识溢出等重要思想对研究外商直接投资的技术溢出效应具有重要的指导意义。

（二）知识溢出理论

知识溢出理论最早由Marshall在1890年研究产业集聚与知识溢出之间关系时所提出，并经过Arrow（1962）、Jacobs（1969）、Romer（1986）和Lucas（1988）等众多学者的丰富和完善。该理论认为知识可细分为显性和隐性知识。其中，前者在溢出范围方面不受地理边界的限制，且在知识结构中的比例可能作用于本地企业的学习效率。而后者在知识的传递和吸收方面均存在一定难度，且其与企业特定的环境和传递方式密切相关，如果条件发生一定变化，其难以发挥应有的功效（唐兰，2015）。另外，知识溢出也是一个动态的过程，具有诸多不确定性因素，且这些不确定性因素与地理距离、知识的特征和接受方的主观吸收愿望及其吸收能力、效率紧密联系在一起。知识溢出的主要渠道包括知识公开、人员流动和产品流动等，其中人员流动属于隐性知识溢出的重要途径。尽管知识溢出理论主要研究了知识在行业内、行业间溢出的传导机制和渠道，且未对内外资部门加以区分，但知识的溢出与外商直接投资的知识、技术溢出并没有本质上的区别，仍存在很多共同之处，因而该理论对研究外商直接投资的技术溢出效应具有重要的借鉴意义。

三 绿色全要素生产率理论

（一）环境技术理论

一般而言，在社会生产过程中，投入一定要素，会得到一定产出。但实际上，产出成果中不但包含了合意产出（"好"产出或期望产出），还包括了非合意产出（"坏"产出或非期望产出，如污染排放物等）。随着社会生产力不断提高，人们对环境质量的诉求越发强烈，且日益重视经济和环境的协调发展。更进一步来讲，在整个经济生产过程中，人们除了关注合意产出水平的提升之外，还日益重视降低环境污染等非合意产出水平，这种把非合意产出引入传统经济生产活动的技术可表述为环境生产技术（Fare et al., 1989）。为了有效提升环境生产效率，通常需要在要素投入相同前提下，尽量减少非合意产出。要实现这个目标，就需要强化污染减排技术的研发力度以及采用新的治污设备，这将有利于减少对生产合意产出的投入，也契合人们有效改进生产活动的愿望（Fare et al., 2007）。根据Fare 等（2007）定义的环境技术函数，利用产出集合方式和数据包络分析法，环境技术可模型化为：

$$P(x)=\{(x,y^a,y^b)|x \geq X\mu, y^a \leq Y^a\mu, y^b=Y^b\mu, \sum_{i=1}^{m}\mu=1, \mu \geq 0\} \quad (2.1)$$

式（2.1）中，P 表示一个完整的社会生产系统。在该系统中，$X=(x_{ij}) \in R_{n \times m}^{+}$ 表示投入要素对应的向量，$Y^a=(y_{ij}^a) \in R_{v \times m}^{+}$ 表示合意产出对应的向量，$Y^b=(y_{ij}^b) \in R_{g \times m}^{+}$ 表示非合意产出对应的向量；μ 表示横截面观测值的权重，如果 $\sum_{i=1}^{m} \mu=1$ 表示规模报酬可变（Variable Returns to Scale, VRS），如果 $\mu \geq 0$ 且消除权重之和等于 1 的约束条件，则表示规模报酬不变（Constant Returns to Scale, CRS）。同时，该生产可能性集合还具有凸集闭集、联合弱可处置性、零结合性、合意产出和投入的强可处置性等重要特征。

（二）可持续发展理论

随着全球人口快速增长和经济飞速发展，资源匮乏和环境问题日益凸显，世界各国逐步认识到可持续发展的重要性，并对可持续发展理念逐渐达成共识。1987 年，布伦特兰夫人向联合国提交的《我们共同的未来》报告中首次提出可持续发展的概念，即"既满足当代人的需求，又不损害后代人满足其需求的发展"。同年，联合国环境与发展委员会正式确立并通过了该理念，并逐渐被世界各国所认同。对于可持续发展的概念，本书认为其核心内涵在于"可持续"和"发展"，其目标在于追求社会、经济、资源和环境之间的协调发展，其宗旨在于保持经济持续发展的前提下，既不损害人类赖以生存的自然资源和环境，又可以保证资源和环境持续地润泽后代子孙，并使整个社会更好地延续下去。对于一个国家和社会而言，经济发展不可或缺，但环境保护同等重要，可持续发展恰好能够解决二者的协调发展问题。因为可持续发展强调"可持续"与"发展"的统一性，倡导协调、共同、公平、高效和多维发展等新的发展观，也能够在一定程度上改变"GDP崇拜"的发展理念,并将发展的理念融入经济、社会和环境的有机统一体中(马大来,2015)。同时,可持续发展理念还提倡以经济高效化作为手段来实现地区节能减排,并提高地区技术水平和资金实力,减少资源消耗,促进经济发展从低效率向高效率转变,进而实现经济发展效率的最大化。当区域经济效率提升之后,不但有利于区域人民生活水平的提升,还会为区域环境质量的改善奠定一定的技术和资金基础。

总而言之,可持续发展为绿色全要素生产率的持续增长提供了相应的理论依据。通过减少资源消耗和环境污染,提高绿色全要素生产率,逐渐实现区域经济、资源和环境最高程度的协调统一,并实现经济发展方式从以往的"高能耗、高污染"的粗放型向"低能耗、低污染"的集约型转变,将有利于中国经济可持续发展。

(三)环境经济学理论

环境问题并不是自古有之,而是伴随人们的社会生产活动逐渐产生的,其主要表现为:一方面,由于人们的经济活动需要从自然环境中获取相关资源,其攫取强度若超过了环境承载力和再生能力,容易导致自然资源的匮乏和生态环境的恶化;另一方面,人们的经济活动也会排放一定污染物,若未经相应处理直接排放到自然环境中,不但会超越自然环境的自我修复和净化能力,还会打破全球的自我平衡性。随着资源和环境问题日益凸显,人们逐渐重视经济和环境的协调发展问题,环境经济学便应运而生。环境经济学是一门融合了环境科学和经济学的新兴交叉学科,其研究宗旨在于促进经济和环境的和谐发展。

环境经济学的核心内容是如何运用经济学相关工具来解决经济和环境的协调发展问题,其具体包括以下几个方面:一是资源稀缺性的经济测度。资源稀缺性的经济定价方式主要包括资源产品价格、资源开发费用和开发成本等,而资源稀缺性的解决途径包括技术进步、加大基础设施建设、充分运用国际分工和比较优势以及强化制度安排等。二是环境污染的外部性理论。由于环境污染的外部性问题可能造成市场失灵,并引致资源配置浪费的现象,因而环境经济学多聚焦于对环境污染的外部性问题研究。该问题的解决方式主要包括明晰产权、征收环境税(庇古税)等,而且通过这些途径可以有效解决环境污染的外部不经济"内部化"问题。三是经济效率理论。该理论主张经济帕累托最优。四是价值评估法。该方法的核心思想是利用一定技术手段，按照一定标准来定量分析环境资产所蕴含的物品或服务的价值。这不但可以帮助人们准确了解经济活动所付出的成本以及获取的收益，还有利于人们的综合决策。五是意愿调查法。该方法的基本思路是采用问卷和个人调查方式，直接获知人们对环境物品或服务的保护愿意支付的最高货币价格。六是费用效益分析法。该方法的基本思路是首先明确项目的费用、效益以及项目未来的费用和效益的贴现值，然后比较分析贴现后的费用与收益，并研判项目的实际可行性，最后综合评估项目的社会经济可行性（马大来，2015）。

当前绿色全要素生产率已成为重要的环境经济学术议题之一，且备受学术界关注。环境经济学不但为中国绿色全要素生产率研究奠定了相应的理论基础，还为人们认识区域环境问题发生的内在机制提供了有效的经济分析工具，从而有利于探寻合理的途径来妥善解决目前面临的资源环境问题以及绿色增长问题。

第二节 文献综述

一 国外的研究现状

（一）FDI的技术溢出效应研究

回顾国外研究动态，外商直接投资的技术溢出效应很早就是国外学术界重点关注的话题之一。澳大利亚经济学家MacDougall（1960）对外商直接投资的溢出效应进行了开创性的研究，他在研究外商直接投资的一般福利效应时，首次将技术外溢视作外商直接投资的一个重要现象或重要特征，并在资本流动效应模型中得出了东道国福利的增长主要来自外资利润转移的观点。Caves（1974）则明确提出了外商直接投资的技术溢出问题，并开创了采用计量方法来研究外商直接投资技术溢出效应的先河。随后，部分学者从理论和模型角度证实了FDI技术溢出效应的存在性，并认为FDI能够促进东道国全要素生产率增长和经济发展，但在实证研究领域，国外学术界对FDI是否产生了技术溢出，是否驱动了东道国全要素生产率增长，存在较大的争议，并形成了以下几种不同的观点：

1. FDI 具有明显的正向技术溢出效应

Caves（1974）利用澳大利亚和加拿大的制造业数据分析发现，在这两个国家的制造业中 FDI 均具有显著的正向技术外溢效应。Globerman（1979）也利用加拿大的制造业数据得出了类似结论。Blomstrom 和 Persson（1983）利用 1970 年墨西哥的行业横截面数据分析发现，FDI 技术溢出效应是存在的。Kokko 和 Zejan（1996）也利用墨西哥经验数据分析认为 FDI 推动了墨西哥的生产率增长。Coe 等（1997）认为发展中经济体从发达经济体引进的外商直接投资具有明显的知识和技术溢出效应。Kinoshita（2001）认为 FDI 作为资本、技术结合体，不但为东道国带来了先进生产技术和管理经验，还可以通过示范、模仿、培训和竞争效应对东道国企业产生正向技术溢出，并提升全要素生产率。Gorg 和 Greenway（2004）、Kugler（2006）和 Liu（2008）实证发现外商直接投资对东道国企业的全要素生产率产生了一定的促进作用。

2. FDI 的技术溢出效应不显著，甚至为负向技术溢出

Haddad 和 Harrison（1993）基于摩洛哥面板数据分析，认为 FDI 的流入显著降低了东道国企业的生产率。Aitken 和 Harrison（1999）利用 1976—1989 年委内瑞拉制造业面板数据，实证发现 FDI 存在负向溢出效应。Djankov 和 Hoekman（2000）基于 20 世纪 90 年代捷克制造业的数据，考察了 FDI 的技术溢出效应，其结果表明采用合资形式的 FDI 具有负向技术溢出效应。Barry 等（2001）利用爱尔兰的经验数据分析，认为跨国企业带来的过度竞争导致了负向的 FDI 技术溢出效应。Girma 等（2001）认为在技术效率和工资支付方面具有优势的外企对英国本土企业没有产生外溢效应。Harris 和 Robinson（2003）利用英国制造行业的数据，实证研究了 FDI 的技术溢出效应，得出行业间、行业内和因集聚而产生的溢出效应都不明显。Girma 和 Gong（2008）的研究结果表明外商直接投资并未对中国国有企业的生产率提升产生正向促进作用。

3. FDI 的技术溢出效应存在异质性

针对上述分歧，部分国外学者认为外商直接投资对东道国全要素生产率的影响存在异质性特征，其主要表现在吸收能力、行业、本土企业和外资企业异质性等方面。

（1）吸收能力异质性。

在外商直接投资对东道国全要素生产率影响的异质性特征中，备受关注的是"中间因素"问题，即外商直接投资对东道国全要素生产率的影响方向和大小与东道国的吸收能力密切相关（Keller，1998；Sinani and Meyer，2004；Narula and Dunning，2010）。"吸收能力"的概念是 Cohen 和 Levinthal（1989）在分析企业 R&D 投入对其技术进步的影响时提出来的，且该影响主要体现在以下两个方面：一方面，研发成果对技术进步存在直接的正效应；另一方面，企业对外部新知识、先进技术和管理经验的学习、模仿和吸收能力会随其 R&D 投入的增加而提升。随后，众多学者尝试从东道国（地区）吸收能力的角度来考察外商直接投资的生产率溢出效应存在差异性的原因，且多聚焦于从经济发展水平、人力资本水平和对外开放度等方面来解释吸收能力因素的内涵。

一是经济发展水平。Blomstrom 等（1994）对比分析了发达国家和发展中国家的 FDI 技术溢出效应，其结果表明，二者之间存在一定差异，即收入水平较高的东道国存在显著的 FDI 技术溢出效应，而收入水平较低的东道国在此项指标上明显落后于高收入东道国。二是人力资本水平。Borensztein 等（1998）认为只有当东道国（地区）的人力资本水平跨越某一门槛值时，才能有效吸收外商直接投资的知识和技术溢出。Xu（2000）在研究美国对 40 个国家的外商直接投资技术溢出效应后，认为 FDI 的技术溢出效应主要发生在人力资本水平较高的发达国家，而在发展中国家则不明显。三是对外开放度。Barro 和 Sala-I-Martin（1991）发现对外开放度越高的国家（地区）对跨国企业所带来的先进知识、技术和管理经验等具有更强的吸收能力。四是金融发展水平。Hermes 和 Lensink（2003）认为较为发达的金融市场对 FDI 技术溢出具有促进作用。Choong 等（2004）利用日本和韩国等国家的金融发展数据分析，认为只有一国（地区）的金融体系达到一定水平才有助于 FDI 的正向技术溢出效应的发挥。五是基础设施建设水平。Lall（1990）、Balasuramanyam 等（1996）认为东道国基础设施的完善程度会对外商直接投资的技术溢出效应产生较大影响。六是其他吸收能力。除上述主要吸收能力因素外，部分学者认为 FDI 技术溢出效应还受东道国的其他吸收能力因素影响，比如合资企业参与度（Aitken and Harrison，1999）、技术差距等。

(2)行业异质性。

FDI技术溢出的行业异质性主要体现在结构和行业技术水平等方面。Keller和Yeaple（2009）利用美国经验数据分析发现，美国高技术行业比低技术行业的FDI技术溢出效应更强烈。

(3)外资企业异质性。

影响外企异质性的主要因素包括外企股权结构和外企来源国（地区）等。比如，Javorcik（2004）利用罗马尼亚的企业数据分析，认为合资企业的垂直溢出效应强于独资企业。Du等（2012）利用中国工业企业数据，实证发现中国不同来源的FDI技术溢出效应存在一定的差异。

(4)本土企业异质性。

FDI技术溢出的本土企业异质性主要体现在企业研发、出口导向、企业规模、企业所有制结构等方面。比如，Griffith等（2006）认为东道国企业的自身研发水平是影响FDI技术溢出效应的重要因素。Deng等（2012）认为中国企业所有制会影响FDI的技术溢出效应。

（二）绿色全要素生产率测算方法及指标体系研究

国外学者很早就意识到，忽略资源环境约束可能导致生产效率的评估存在一定偏误。Pittman（1983）改进了Caves等（1982）的超对数生产率指数，并以此测算了威斯康星州造纸厂的生产效率，这是将环境因素纳入生产效率测算的最早探索。随后，国外学者便对资源环境约束下的全要素生产率（绿色或环境全要素生产率）进行了大量研究，但在指标选择和测算方法上存在较大分歧，其具体表现为：

1. 环境污染作为投入抑或产出的问题

一些学者将环境污染视作一种投入要素纳入绿色全要素生产率测算框架，代表文献有Reinhard等（2000）、Hailu和Veeman（2001）、Shaik等（2002）、Coelli等（2005）。然而，部分学者并不认同上述观点，他们认为将环境污染视为弱可处置性的非期望产出更为合理（Chung et al., 1997；Fare et al., 2001；Yoruk and Zaim, 2005），因为将环境污染作为投入要素不但与实际生产过程不相符，还有悖于有界生产可能性集和投入强可处置性的理论假设（Fare and Grosskopf, 2004）。

2. 测算方法的选择问题

绿色全要素生产率的测算方法，主要有参数法和非参数法两大类。其中,参数法包括C-D函数法、超越对数生产函数法和代数指数法。这类方法不但需要设定具体生产函数形式,且需充分掌握投入和产出变量的相关价格信息,还要求生产过程满足规模报酬不变的假定。在早期的研究中,考虑到参数法的模型比较简便,国外学者普遍采用该方法进行全要素生产率的测算。然而,绿色全要素生产率的测算框架中包含了能源消耗和环境污染,环境污染的价格无法准确估算,且难以实现参数法所需的严格假定条件,这可能造成其测算结果存在一定偏差。Charmes等在1978年首次提出了数据包络分析法(Data Envelopment Analysis,DEA),并经众多学者不断丰富和完善,逐渐成为一种具有代表性的非参数方法。DEA方法的核心思想是通过包络生产过程中的所有生产决策单元,得到整个经济系统的生产前沿面,并根据距离函数计算出每个生产单元与生产前沿面的距离,从而对生产决策单元进行生产有效性评价。该方法只需把握生产函数中的投入产出信息,不必考虑函数的具体形式,这恰好可以弥补参数法的局限。因此,近年来,国外学者大多以DEA为基础,并结合相关指数法来测算绿色全要素生产率。

基于DEA的绿色全要素生产率测算的方法普遍是建立在生产效率测算的基础之上的。伴随效率测算方法的优化,绿色全要素生产率的测算方法也在逐步优化。早期的生产效率测算方法主要是谢泼德产出距离函数(Shepard Output Distance Function,SDF),该方法的优点在于,不但可以将能源消耗、环境污染引入测算框架,还能够较好地解决生产过程中的多投入多产出的问题。在谢泼德产出距离函数基础上,逐渐形成了一种测算绿色全要素生产率的新工具,即姆奎斯特生产率指数(Malmquist Productivity Index,M),这种非参数的M指数能够将绿色全要素生产率分解为绿色技术进步和绿色技术效率。其代表文献有Hailu和Veeland(2000)、Telle和Larsson(2007)等。由于谢泼德距离函数是径向的,且难以适用于"好"产出增加的同时"坏"产出减少的情况,因而很快被方向性距离函数(Directional Distance Function,DDF)所取代。为了与非角度和具有相加结构方向性距离函数相匹配,Chambers等(1996)提出了卢恩伯格生产率指数(Luenberger Productivity Index,L),该指数不需考虑测度角度的选择问题,同时还考虑了投入的减少和产出的增加情况。Chung等(1997)基于谢泼德距离函数,提出了方向性距离函数,将M指数拓展为Malmquist-

Luenberger（ML）指数，并将此方法应用到了瑞典纸浆厂的绿色全要素生产率测算中。该方法的优点在于，既模拟了多投入、多产出的情况，又考虑了合意产出增加的同时非合意产出减少的情况，但该方法仍然要求选择测算角度。从此，该方法被国外学者广泛应用。比如，Kumar（2006）利用 ML 指数测度了 41 个国家的绿色全要素生产率，其结果表明，传统全要素生产率与绿色全要素生产率的测算结果差异较小，然而 ML 指数和 M 指数的分解结果具有明显的区别。

虽然 DDF 方法在一定程度上满足了合意产出增加而非合意产出减少的情况，但同时要求合意产出和非合意产出按相同比例增加或减少。为克服这一局限，Tone（2001）、Tone（2003）提出了基于松弛变量的 SBM（Slacks Based Measure，SBM）模型，该方法有效解决了非径向、非角度所带来的非零松弛问题，更符合实际生产过程。此外，Fukuyama 和 Weber（2009）构建了基于松弛测度的方向性距离函数，以克服传统方向性距离函数的径向和导向性问题。

二　国内的研究现状

（一）FDI 技术溢出效应研究

改革开放以来，FDI 不断涌入中国，并为中国经济高速增长注入了新活力，国内学术界也逐渐重视对 FDI 溢出效应的研究。但相较国外学术界而言，国内学术界对其研究起步较晚。本书通过梳理国内相关文献，发现国内学者对 FDI 的技术溢出效应研究主要存在以下几种观点：

1. FDI 具有明显的正向技术溢出效应

何洁和许罗丹（1999）借鉴 Feder（1982）的方法，并将工业细分为内外资两部门，实证发现中国工业部门的 FDI 流入对内资工业部门具有显著的正向技术溢出效应，且该效应还会随着中国对外开放进程的加快而日益凸显。沈坤荣（1999）利用 1996 年中国省际数据，实证研究了 FDI 对中国全要素生产率的影响，其结果表明 FDI 强度的提升促进了中国全要素生产率的增长。黄华民（2000）从资本形成效应、就业效应以及贸易与国际收支效应等角度实证研究了 FDI 与中国经济增长之间的关系，发现 FDI 显著推动了中国经济增长。程惠芳（2002）认为 FDI 的流入显著促进了中国全要素生产率增长，其原因与 FDI 进入规模和人力资本水平有关。王志鹏和李子奈（2003）利用2000年中国500个工业行业的企业数据，重点考察了FDI的外溢效应，发现FDI有利于国内企业的生产效率提升。李平和钱利（2005）基于改进CH模型，利用1985—2003年中国省际面板数据，实证发现FDI的溢出效应显著促进了中国全要素生产率的增长。李景睿（2009）基于中国珠江三角洲的城市面板数据，实证分析认为外商直接投资的流入对当地前沿技术进步产生了明显的促进作用。胡朝霞（2010）基于1992—2007年中国省际面板数据，实证研究了FDI与中国服务业全要素生产率之间的关系，认为FDI显著促进了中国服务业技术效率提升和技术进步。王滨（2010）利用1999—2007年中国制造行业的面板数据，考察了FDI的生产率溢出效应，其结果表明外商直接投资对中国全要素生产率具有明显的横向、前后向关联溢出效应。邓超正（2012）利用2001—2008年中国省际面板数据，实证研究了FDI与中国全要素生产率之间的关系，认为FDI促进了中国全要素生产率增长。何雄浪（2014）参考Feder（1982）的方法考察了外商直接投资的流入对中国区域经济增长的影响，发现外商直接投资的流入对中国西南和华东地区的经济增长具有显著的正效应。李晓钟和王倩倩（2014）基于改进的CD函数，利用1998—2011年中国电子产业和高新技术产业数据分析发现FDI的技术溢出有效推动了国内企业技术水平的提升。

2. FDI的技术溢出效应不显著，甚至为负向技术溢出

姚洋和章奇（2001）基于第三次工业普查数据实证研究了FDI的外溢效应，其研究结果表明，FDI在一省内部和行业内的外溢效应并不显著。王飞（2003）发现外商直接投资对中国工业企业技术进步的溢出效应并不明显。张海洋（2005）认为由于地区间具有异质性，FDI的流入通常难以获取外企的先进技术。何元庆（2007）利用中国经验数据发现FDI技术溢出效应不显著。马林和章凯栋（2008）利用2000—2005年中国省际面板数据分析认为外商直接投资对中国产生了明显的负向技术溢出效应。潘益兴（2011）基于浙江省的FDI流入数据分析，发现浙江省的FDI流入并未对当地经济增长产生技术溢出效应。

3. FDI的技术溢出效应存在异质性

从理论上来讲，外商直接投资是一国（地区）获得先进知识、技术和管理经验等的重要渠道之一，且其溢出效应可能促进当地经济发展，但部

分国内学者通过实证研究发现外商直接投资的流入不一定对东道国产生正向溢出效应,并进一步认为由于东道国的吸收能力和外资进入的行业等具有一定差异,FDI的技术溢出及其对东道国全要素生产率的影响也可能存在异质性。

(1)吸收能力异质性。

部分学者尝试从不同的视角来探寻FDI技术溢出效应存在差异的原因,且主要侧重于"中间因素"问题的研究,而"中间因素"即是指东道国(地区)的吸收能力。对于"吸收能力"的定义,国内学者陈晓红和宋洋(2011)、蔡经汉等(2011)将其定义为一国(地区)对跨国企业或地区外部的已有知识、先进技术和管理经验进行识别、获取并加以吸收消化应用的一种能力。梳理现有文献发现,国内学者多侧重从以下几种吸收能力来诠释FDI技术溢出效应存在差异的原因:

一是经济发展水平。何洁(2000)利用1993—1997年中国省际工业部门数据分析,认为FDI的技术溢出效应存在基于经济发展水平这一吸收能力因素的门槛特征,即只有当一个国家(地区)经济发展水平达到某一特定阈值后,FDI的技术溢出效应才会显著。潘文卿(2003)认为FDI的正向技术溢出效应仅发生在中国东、中部地区,而西部地区具有明显的负效应,其原因在于西部地区的经济发展这一吸收能力还未达到相应"门槛"之上。张宇和蒋殿春(2007)则认为FDI技术溢出效应存在基于经济发展的单门槛特征,其中只有广东等少数省份跨越了临界门槛值。

二是人力资本水平。黄菁等(2008)基于1994—2006年中国面板数据分析,认为人力资本水平是影响FDI技术溢出效应的重要因素。谢建国和周露昭(2009)发现人力资本水平对国外研发的技术溢出效应具有明显的影响。赵国庆和张中元(2010)认为只有当人力资本跨越相应门槛值时,FDI的技术溢出效应才会显现。孙婧(2013)则认为外商直接投资的技术溢出效应显著存在基于人力资本水平的门槛特征,即人力资本存量、高等和中等教育人力资本具有正向门槛特征,而初等教育人力资本存在负向的门槛特征。黄繁华和王晶晶(2014)基于2005—2011年41个国家面板数据分析发现,东道国人力资本这一吸收能力因素明显促进了服务业FDI的研发溢出。

三是对外开放度。包群和赖明勇(2003)、黄静(2006)的研究发现对外开放度的提高对外商直接投资的技术溢出效应具有显著的促进作用。但部分学者认为地区对外开放度对外商直接投资的技术溢出效应的推动作用不明显或具有门槛特征。比如，何洁（2000）认为如果单纯提高经济开放度，外商直接投资的技术溢出效应并不一定会产生显著的促进作用，甚至可能产生一定的负效应。谢建国（2006）的研究结果表明对外贸易并未显著促进中国的技术效率提升，而且对西部地区技术效率的提升还产生了抑制作用。张宇（2008）的研究结果也表明外资依存度只有处于合理水平，FDI才会产生显著的技术溢出效应。靳娜和傅强（2010）基于2005—2008年中国工业部门数据，实证发现中国贸易政策等吸收能力对FDI技术外溢效应具有不利的影响。何兴强等（2014）则进一步认为FDI的技术溢出效应存在显著的基于外贸依存度的双门槛特征，过低或过高的外贸依存度都不利于FDI技术溢出效应的发挥。

四是金融发展水平。王永齐（2006）认为一个国家（地区）的金融发展水平越高，越有助于国内企业吸收外商直接投资带来的先进知识、技术和管理经验，并帮助国内企业在技术创新或向外学习先进技术过程中获取更多的金融支持。侯英等（2014）认为外商直接投资的技术溢出效应会随中国金融市场的不断完善而逐渐增强。尽管部分学者发现地区金融发展水平是FDI技术溢出效应的重要影响因素，但同时也有一些研究表明，中国整体金融市场并不健全，仍存在一些问题，并制约了FDI技术溢出效应的发挥。比如，阳小晓和赖明勇（2006）的研究结果表明考察期内中国相对低效率的金融市场体系还不足以有效吸收FDI的技术溢出。曾慧（2008）发现金融发展在促进FDI的正向技术溢出效应发挥以及推动中国经济增长方面具有显著的地区异质性。具体而言，在东部地区具有明显的推动作用，而中西部地区的金融发展仍未达到触发正向技术溢出的临界点。潘美玲（2011）则认为由于东部和中部地区的金融市场较为完善，其外商直接投资的技术溢出效应较明显，而西部地区较为落后的金融市场还难以为FDI技术溢出的有效吸收提供较强的金融支持。

五是基础设施建设水平。何洁（2000）的研究结果表明外商直接投资的引进需建立在较为完善的基础设施之上，才可能发挥其对经济增长的推动作用。包群和赖明勇（2003）认为外商直接投资的技术溢出效应发挥与东道国基础设施的完善程度存在紧密的联系，且基础设施越完善越有利于

FDI 技术溢出效应的发挥。张宇和蒋殿春（2007）发现 FDI 技术溢出效应显著存在基于东道国基础设施建设水平的正向双门槛特征，即 FDI 技术溢出效应会随着东道国基础设施的不断完善而逐渐凸显。郭庆然（2013）认为东道国基础设施建设对外商直接投资的技术溢出效应的影响存在正向双门槛效应。谢建国和吴国锋（2014）基于 1992—2012 年中国省际面板，实证发现东道国基础设施建设水平与外商直接投资的技术溢出效应呈正相关，且强调提高中国基础设施建设水平是有效发挥外商直接投资的技术溢出效应的重要渠道。

六是其他吸收能力。除了上述重要吸收能力因素之外，其他诸如研发投入存量（罗军、陈建国，2014；罗军，2016）、技术差距（黄凌云等，2007；王华等，2012；张文爱，2013）、市场化进程（张倩肖，2007；李晓钟和张小蒂，2008；田泽永和陈圣飞，2015）、行业集中度（邱斌等，2008）、经济结构（李梅、谭力文，2009）、知识产权保护（汪曲，2012；张相文等，2014）和工业服务业比值（潘晓光，2014）等吸收能力因素也会对 FDI 技术溢出产生重要影响。

（2）行业异质性。

陈涛涛（2003）认为 FDI 技术溢出在资本密集度较低的行业中更为显著。黄静波和付建（2004）基于广东省的经验数据分析，发现相对劳动密集型行业而言，资本密集型行业的 FDI 溢出效应更强。方健雯（2009）基于 1999—2006 年中国 31 个行业的面板数据，考察了 FDI 对中国行业内和行业间的技术溢出路径和方式，发现 FDI 存在明显的行业内溢出效应，且主要表现为示范模仿效应。对于行业间的溢出效应，FDI 则具有显著的后向溢出效应，但前向溢出效应不明显。张公嵬等（2013）利用 2000—2009 年中国制造业 28 个行业的面板数据实证检验了 FDI、产业集聚与全要素生产率增长之间的关系，发现 FDI 对资源和劳动密集型行业的 TFP 增长具有显著的正向促进作用，但对资本和技术行业 TFP 的影响则不明显。许欣（2015）则利用 2001—2012 年中国 35 个工业行业的面板数据，考察了 FDI 对中国技术溢出的门槛效应，发现 FDI 技术溢出的门槛效应存在行业差异。

（二）中国绿色全要素生产率的测算及其结果研究

相较国外而言，国内学者对绿色全要素生产率的方法及其应用研究起步较晚。近年来，随着中国经济高速发展过程中的资源环境问题日益严峻，国内学者也逐渐重视对中国绿色全要素生产率的研究，并取得了较为丰富的研究成果，归纳起来，主要存在以下两种观点：

1. 中国绿色全要素生产率呈增长趋势

（1）来自行业方面的证据。

杨俊和邵汉华（2009）、吴军（2009）利用 ML 指数测算了 1998—2007 年环境约束下中国工业全要素生产率的平均增长率分别为 9.6% 和 8.5%。李伟和章上峰（2010）利用 ML 指数测算了 2001—2008 年中国环境约束下的工业全要素生产率，发现其平均增长率为 11.1%。陈诗一（2010）利用方向性距离函数和谢泼德距离函数，测算了 1980—2008 年中国工业环境全要素生产率，发现其平均增长为 2.29%。李小胜和安庆贤（2012）利用 ML 指数和方向性距离函数，测算了 1998—2010 年中国工业 36 个行业的环境全要素生产率，其结果表明，中国工业环境全要素生产率整体呈上升趋势。杨文举和龙睿赟（2012）以化学需氧量和二氧化硫作为"坏"产出，并利用 ML 指数和方向性距离函数，测算了 2003—2010 年中国工业绿色全要素生产率，结果显示，中国工业绿色全要素生产率整体呈上升趋势。董敏杰等（2012）采用 Luenberger 指数和松弛效率损失测度法，测算了 2001—2007 年中国工业环境全要素生产率，发现其呈上升趋势。李玲和陶锋（2012）采用卢恩伯格指数和 SBM 模型测算了 1999—2009 年中国制造业各行业的绿色全要素生产率，发现中国制造业绿色全要素生产率的平均增长率为 5.01%。万伦来和朱琴（2013）利用 SBM 模型和卢恩伯格指数，测算了 1999—2010 年中国工业绿色全要素生产率，发现中国工业绿色全要素生产率呈上升趋势。李玲等（2013）也利用卢恩伯格指数和 SBM 模型，测算了 1999—2009 年中国工业绿色全要素生产率，发现中国工业绿色全要素生产率平均以 9.88% 的速度增长。

原毅军和谢荣辉（2015）利用卢恩伯格指数和 SBM 模型，测算了 2000—2012 年中国工业绿色全要素生产率，发现样本期内中国工业绿色全要素生产率平均以 3.04% 的速度增长，其增长源泉来自技术进步。田娜和 Myeong-Kee Chung（2015）利用扩展生产函数，测算了 2001—2011 年中韩两国的制造业行业的环境全要素生产率，其结果表明，样本期内中国制造业行业的环境全要素生产率呈较快增长态势，但其对工业经济增长的贡献落后于韩国。范丹（2015）基于 2001—2012 年中国工业 36 个行业数据，并利用全局 DEA-MML 指数,评估了中国工业行业的环境全要素生产率后,认为样本期内中国工业行业环境全要素生产率平均以 2.3% 的速度增长。陈菁泉等(2016)利用 Malmquist-Luenberger 指数,并借助 GAMS 软件,测算了 2001—2012 年中国省际工业环境全要素生产率,发现中国工业环境全要素生产率平均增长率为 0.7%。王恕立等(2016)以化学需氧量和二氧化硫作为服务业的"坏"产出,并利用 DDF- Malmquist-Luenberger 指数,测算了 2004—2013 年中国服务业的环境全要素生产率,结果显示,样本期内中国服务业环境全要素生产率平均以 4.3% 的速度增长。尹向飞和刘长石(2017)基于 1995—2011 年中国制造业面板数据,采用 ISP 生产率指数法,评估了环境和矿产资源约束下中国制造业全要素生产率,发现考察期内中国制造业全要素生产率的平均增长率为 1.16%,其增长源泉主要来自技术变化。

(2)来自地区方面的证据。

李俊和徐晋涛(2009)用非参数方法测算了中国绿色全要素生产率,其结果表明,样本期内中国绿色全要素生产率呈上升趋势。王兵等(2010)利用 Luenberger 指数和 SBM 模型,测算了 1998—2007 年中国环境全要素生产率,发现其平均增长率为 1.8%。田银华等(2011)利用 SML 指数测算了 1998—2008 年中国省际环境约束下的全要素生产率,发现样本期内中国环境约束下的全要素生产率平均以 0.93% 的速度增长。屈小娥(2012)以环境污染综合指数作为非期望产出,并采用 SBM 模型,测算了 1996—2009 年中国省际环境约束下的全要素生产率,发现其平均增长率仅为 0.78%。郭辉和董晔(2012)将能源消耗和碳排放引入测算体系,并采用扩展的索洛模型,测算了 1978—2008 年中国绿色全要素生产率,发现其平均增长率为 3.66%。匡远凤和彭代彦(2012)利用随机前沿函数模型和广义 Malmquist 指数,测算了 1995—2009 年中国环境全要素生产率,发现该时期的环境全要素生产率呈增长趋势。杨向阳等(2013)利用 Hicks-Moorsteen 指数,测算了 2000—2008 年环境约束下的中国省际全要素生产率,发现样本期内环境约束下的全要素生产率平均以 1.69% 的速度增长。肖攀等(2013)利用 ML 指数,评估了 2003—2010 年中国城市环境全要素生产率,其结果显示,考察期内中国城市环境全要素生产率的平均增长率为 1.1%。宋长青等(2014)利用基于方向性距离函数的 ML 指数,测算了1985—2010年中国绿色全要素生产率，发现中国绿色全要素生产率平均增长率为4.4%。李小胜等（2014）以二氧化碳和二氧化硫作为非合意产出，并利用DEA-Malmquist指数，测算了1997—2011年中国30个省份的环境全要素生产率，发现中国省际环境全要素生产率的平均增长率为2.94%。

程中华（2015）将工业二氧化硫、工业烟尘和工业废水排放量作为非合意产出纳入测算框架，并采用ML指数，测度了2003—2012年中国285个地级及以上城市的绿色全要素生产率，发现中国绿色全要素生产率平均增长率为0.9%。王兵和刘光天（2015）以二氧化硫、化学需氧量作为"坏"产出，并采用权重罗素方向性距离函数（WRDDM）和绿色卢恩伯格指数（GLPIB），测算了1999—2012年中国绿色全要素生产率，其结果显示考察期内中国绿色全要素生产率平均以1.33%的速度缓慢增长。汪克亮等（2015）基于Bootstrap-DEA的Malmquist指数，测算了2000—2012年中国绿色全要素生产率，发现考察期内中国绿色全要素生产率平均以0.73%的速度缓慢增长。杨桂元和吴青青（2016）利用2003—2012年中国省际面板数据，并采用DEA-Malmquest指数，测算了中国绿色全要素生产率，发现考察期内中国绿色全要素生产率整体呈上升态势。王裕瑾和于伟（2016）将能源消耗和污染排放引入经济增长模型，并利用随机前沿分析方法，测度了2001—2014年中国省际绿色全要素生产率，其结果显示，考察期内中国绿色全要素生产率平均以2.70%的速度缓慢增长。徐晓红和汪侠（2016）基于2000—2014年中国省际面板数据，利用方向性距离函数和Malmquist-Luenberger指数，测度了能源和环境约束下的中国绿色全要素生产率，测算结果显示，中国绿色全要素生产率平均以1.3%的速度增长，且绿色技术进步是其主要推力。卢丽文等（2017）以工业废水、工业二氧化硫和工业烟尘排放量作为非期望产出，并采用DEA-Malmquist-Luenberger指数，测算了2003—2013年中国长江经济带108个城市的绿色全要素生产率，其测算结果显示，样本期内长江经济带城市的绿色全要素生产率的平均增长率为13.55%，且技术进步和规模效率上升是其增长源泉。张鹏和于伟（2017）将能源消耗和碳排放作为投入要素纳入指标体系，利用社会网络分析法，并以省份为网络中的节点，测算了2005—2014年中国省际绿色全要素生产率，发现中国绿色全要素生产率增长的空间关联网络密度呈逐年上升态势，但省际差异明显。冯杰和张世秋（2017）利用不同的 DEA 模型评估了 2005—2013 年中国省际绿色全要素生产率，其结果表明，不同 DEA 模型测算出的省际绿色全要素生产率具有不同的时空分布特征，但 SBM 模型更具合理性，该模型测算出的中国绿色全要素生产率存在从东部沿海地区向西部地区梯度递减的空间分布格局，且地区差异在逐步扩大。

2. 中国绿色全要素生产率呈下降态势

胡晓珍和杨龙（2011）以熵值法拟合的环境污染指数作为非期望产出，并采用 Malmquist 指数，测算了 1995—2008 年中国省际绿色全要素生产率，发现其整体呈下滑态势。李斌等（2013）利用 ML 指数和非径向、非角度的 SBM 模型，测算了 2001—2010 年中国 36 个工业行业的绿色全要素生产率，发现样本期内中国工业绿色全要素生产率呈倒退现象。李斌等（2016）利用 Malmquist-Luenberger 指数和 SBM 模型，并运用 Max DEA Pro 5.2 软件，测度了 2003—2013 年中国省际绿色全要素生产率，其结果表明，样本期内中国绿色全要素生产率年均下降 13%。刘承智等（2016）基于 2003—2012 年中国省际面板数据，将化学需氧量、二氧化硫视为环境投入要素纳入测算框架，并利用 DEA-Malmquist 指数，评估了中国省际环境全要素生产率，发现考察期内中国环境全要素生产率呈下滑态势，年均下滑 10.1%。陈超凡（2016）利用 Malmquist-Luenberger 指数和方向性距离函数，综合评估了 2004—2013 年资源环境约束下的中国工业绿色全要素生产率，发现样本期内中国工业绿色全要素生产率呈现下滑趋势，且不具有收敛性。吴建新和黄蒙蒙（2016）基于 2002—2011 年中国 286 个城市的面板数据，将能源投入和二氧化碳、二氧化硫两种非合意产出纳入测算框架体系，并利用 Luenberger 指数和全局参比 SBM 模型，测度了中国城市环境全要素生产率，结果表明，考察期内中国城市环境全要素生产率出现了负增长状况，其平均增长率为 –0.05%。

（三）FDI 对中国绿色全要素生产率的影响研究

随着经济全球化和中国对外开放步伐的加快，外商直接投资大量涌入中国，并深刻影响着中国的经济增长质量和区域环境质量。于是部分学者对外商直接投资与中国绿色全要素生产率之间的关系进行了初步探索，但所得结论莫衷一是，概括起来，主要存在以下几种观点：

1. 外商直接投资对中国绿色全要素生产率产生了显著的正向影响

王兵等（2010）利用 Tobit 模型，实证研究了中国环境全要素生产率的影响因素，认为 FDI 对中国环境全要素生产率具有显著的正向影响。柴志贤（2013）利用 2001—2009 年中国工业 36 个行业的面板数据，并采用工具回归方法，考察了外资对中国工业环境全要素生产率的影响，得出了外资显著促进了工业环境全要素生产率增长的结论。杨冕和王银（2016）基于 2001—2012 年中国 30 个省份的面板数据，利用 FGLS 方法，实证研究了 FDI 与中国绿色全要素生产率之间的关系，认为 FDI 显著促进了中国绿色全要素生产率的增长。吴建新和黄蒙蒙（2016）采用 Tobit 回归方法，实证研究了中国城市环境全要素生产率的影响因素，发现 2006—2011 年期间 FDI 显著促进了中国城市环境全要素生产率的增长。

2. 外商直接投资对中国绿色全要素生产率产生了显著的负向影响

杨俊和邵汉华（2009）利用随机效应模型考察了中国工业环境全要素生产率的影响因素，发现 FDI 对中国工业环境全要素生产率产生了显著的负向作用。肖攀等（2013）构建空间误差面板模型，实证检验了中国城市环境全要素生产率的影响因素，认为 FDI 对中国城市环境全要素生产率产生了明显的负向作用。程中华（2015）构建空间面板模型，重点考察了集聚经济对中国绿色全要素生产率的影响，发现作为一般控制变量的 FDI 显著阻碍了中国绿色全要素生产率增长。范丹（2015）利用 2001—2012 年中国 36 个工业行业数据，考察了中国工业环境全要素生产率的影响因素，发现 FDI 对中国环境全要素生产率的增长产生了显著的负向作用。李斌等（2016）实证检验了 FDI 对中国绿色全要素生产率的影响，其结果表明，从整体上来说，FDI 显著阻碍了中国绿色全要素生产率增长。

3. 外商直接投资对中国绿色全要素生产率的影响不显著

杨文举和龙睿赟（2012）建立固定效应模型，实证研究了中国工业绿色全要素生产率的影响因素，并认为 FDI 对中国工业绿色全要素生产率的负向影响不显著。汪锋和解晋（2015）基于 1997—2012 年中国省际面板数据，构建固定效应模型，考察了中国绿色全要素生产率的影响因素，发现 FDI 对中国绿色全要素生产率增长率的影响不显著。陈超凡（2016）认为 FDI 虽然有利于技术进步，但对中国工业绿色全要素生产率的正向影响尚不明显。王恕立等（2016）通过建立固定效应模型来检验中国服务业环境全要素生产率的影响因素，发现 FDI 对中国服务业环境全要素生产率的影响并不明显。陈菁泉等（2016）基于 2001—2012 年中国省际面板数据，构建空间面板模型，实证检验了中国工业环境全要素生产率的影响因素，认为外资结构未对中国工业环境全要素生产率产生显著的影响。

三 国内外研究述评

国内外学术界对外商直接投资与东道国全要素生产率之间的关系进行了大量的理论和实证研究，但从资源环境约束角度研究外商直接投资对中国绿色全要素生产率影响的文献并不多见，而且这些少数研究仍有值得深入和完善的地方：一是尽管小部分研究绿色全要素生产率的文献涉及了外商直接投资，但多数将外商直接投资作为控制变量加以考虑，而未将其与绿色全要素生产率进行直接研究。二是虽然原毅军和谢荣辉（2015）和李斌等（2016）等极少数文献将外商直接投资作为核心解释变量，并初步考察了其对中国绿色全要素生产率的影响以及东中西部地区的差异，并为本书提供了重要的参考价值和逻辑起点。但遗憾的是，他们未进一步研究导致这种区域差异的原因以及中国绿色全要素生产率是否存在收敛性，这也为本书提供了一个重要契机。三是现有文献普遍采用基于 DEA 的 ML 指数测算中国绿色全要素生产率，但该指数仅适用于分析短期内相邻时期的生产效率变动情况，无法满足循环性或传递性的要求，而且在估算跨期方向性距离函数时可能会碰到线性规划无解的难题，从而难以有效分析生产效率的长期变化趋势。

基于此，本书尝试将能源消耗和环境污染综合指数分别作为投入要素和非合意产出纳入测算框架，采用非径向、非角度的 SBM 模型和基于 DEA 的 Global Malmquist-Luenberger（GML）指数，并借助 Max DEA Pro 6.4 软件，测算 2003—2014 年中国省际绿色全要素生产率。在此基础上，利用"OLS+稳健标准误"、系统 GMM、空间误差收敛和门槛回归等方法，实证检验外商直接投资对中国绿色全要素生产率的影响及其区域差异，以及这种区域差异产生的原因，以期得到一些新的研究成果，并为中国各地区合理制定引资政策，促进当地绿色发展提供一定参考。

第三节 经验考察

本节重点考察世界部分主要国家通过吸引外资推动本国技术进步和经济发展的实践经验及教训，以期为中国合理引进外商直接投资，促进绿色全要素生产率持续增长提供一定的经验借鉴。

一 美洲实践经验考察

（一）美国经验考察

美国不仅是世界最大的经济体，还是全球最大的外商直接投资累计流入国，这与美国为境外投资者提供了富有吸引力的引资政策不无关系。因而认真梳理美国的引资政策，并从中汲取有益的经验，将有利于中国更好地开展引资工作，促进绿色发展。美国的主要引资经验包括以下几个方面：一是将引进外资提升到联邦政府的高度，并主动向外商直接投资伸出"橄榄枝"。2011年，美国奥巴马政府建立了一个由美国商务部牵头、23个部委构成的"选择美国"项目办公室，该机构主要负责推进境内外投资者对美国的投资，以复苏美国经济。这一举措也标志着美国开始重新审视国际资本的重要作用。二是颁布法案，为境外投资者在美投资提供明确的路线。2013年，美国众议院通过了《2013年美国制造业竞争力和创造就业法案》。这一法案不但为美国勾勒出了吸引全球外资的美好路线图，还为境外投资者扫清了投资障碍。此外，该立法要求美国商务部部长定期向国会汇报引资情况，且重点报告外资对美国劳动、消费、金融和环保等方面的影响。三是积极发挥社区对引进制造业投资的作用。为了在全球引资竞争中保持优势地位，2013年9月25日，美国商务部、农业部、环保局和中小企业管理局联合发布了"制造业社区合作投资"（IMCP）计划。在这一创新计划中，联邦政府对创造国际竞争环境、吸引制造业投资和推动国际贸易的社区进行资金援助。该援助计划主要分两个阶段进行：第一阶段，联邦政府和商务部审核通过了44个社区总额为700万美元的援助计划，以增强社区在经商和公共商品方面的投资能力，提升社区引资吸收能力的比较优势。第二阶段，联邦政府对社区进行了额外资助，其中包括10个内阁机构总额为130亿美元的援助。四是由商务部成立区域商会平台，并充分发挥其引资作用。美国商务部高度重视区域间的商会协会合作，并整合美国商会协会，逐步扩大其全球影响力。美国主要有美中贸委会、美国商会和全美制造业协会等商会协会。其中，美国商会是全美最大也是最知名的企业商会组织，其会员达到20万人左右，且囊括了美国将近2500个区域性商会和1000多个行业协会（赵迎春，2016）。该商会长期扮演着美国企业代言人的角色，并在保护企业利益方面起到了重要桥梁作用。五是建立外资国家安全审查机制，维护美国经济安全。近年来，美国在维持较高引资需求的同时，也提高了对外资并购等交易的安全审查力度。外资国家安全审查机制（Committee on Foreign Investment in the United States，CFIUS）是美国政府用以平衡市场开放和国家安全的产物。根据2012年OECD对美国等32个国家外商投资监管机制的评估结果显示，美国对外商投资的审查机制的严格程度超越了OECD国家的平均值，其评估项目主要为外资准入、审查机制、外资雇主限制等几个方面（贾英姿等，2016）。

（二）巴西经验考察

作为世界重要发展中国家的巴西是一个资源大国，也是南美洲基础较好的国家。巴西自从独立以来，其经济发展经历了一个比较曲折的历程，其外资引进也充斥着"发展与反发展、控制与反控制"的复杂因素。本书在相关研究成果的基础上，总结了巴西利用外资的经验和教训，以期对中国合理引进外资有所启示。巴西的引资经验主要有以下三个方面：一是巴西确定了外资的国民待遇。根据国际金融公司对全球20个新兴市场的评估结果显示，巴西被评为"可以完全自由进入的市场"。近年来，巴西改变了过去对外商直接投资的歧视看法，转而鼓励境外投资者到巴西进行直接投资。同时，简化审批流程，逐步扩大跨国企业对巴西的投资范围。二是推动技术转让，提高知识产权保护力度。巴西通过放宽对外资技术转让的条件来吸引外商直接投资并推动其技术转让。另外，巴西还延长了知识产权保护期限、扩大了知识产权保护范围，以及撤销了部分苛刻的知识产权保护政策（李洁，2005）。巴西的引资教训可归纳为以下三点：一是巴西工业部门对外资的依赖程度过高。在作为巴西国民经济最重要部门的制造业中，外资的比例高达30%左右，跨国企业依托其雄厚的资本和先进的技术对巴西的制药业等行业形成了垄断，这给巴西经济的独立发展带来了一定威胁。二是外资来源地分布不合理。巴西的外商直接投资绝大部分来自美国，虽然来自欧盟的外资有所增加，但仍难以撼动美资的地位。如果美国经济出现大幅下滑，则势必波及巴西经济。三是巴西外债结构不合理，且其负担较重，严重影响了巴西经济的健康发展。巴西的外债已超越了本国的承受范围，并陷入了借新债还旧债的恶性循环局面。巨大的债务压力不但加重了巴西财政负担，还将面临经济剧烈震动的风险，这也会降低境外投资者对巴西的投资信心。

二 欧洲实践经验考察

（一）德国经验考察

德国是全球第四强国，也是欧洲头号经济大国。世界银行投资报告数据显示，2015年德国GDP达到3.4万亿美元，仅次于美国、中国和日本，排名世界第四位。同时，德国也是中国在欧洲的首要贸易伙伴。因此，充分了解德国利用外资的政策，对中国更好地利用外资具有重要的借鉴意义。其具体经验主要体现在以下四个方面：一是为外资企业提供优惠的贷款和担保政策。德国主要利用复兴开发银行为外资企业提供长期固定利率贷款，其贷款额度最高可达到外资企业投资成本的百分之百。同时，德国政府为外资企业建立了良好的信用担保体系，并能够为外资企业的商业银行融资项目提供50%—80%的信用担保。二是对外资企业实行税收优惠政策。德国对利用借贷资本对德投资的跨国企业实施相应的税收优惠政策，比如，允许外资企业在其资本收益扣除应付利息后才交税。三是专设引资宣传机构，推动全球跨国企业对德国进行外商直接投资。德国政府专门成立"投资德国"公司，其主要任务是宣传投资德国的优势，并为境外投资者提供优质咨询服务和实质性帮助。四是鼓励大型跨国企业进驻德国。相关数据显示，德国位于前十位的外资项目占全部外商直接投资的比重为20%，而位于前50的外资项目则高达40%左右。

（二）英国经验考察

作为世界第五大经济体的英国凭借其得天独厚的经济优势，在吸引外商直接投资方面取得了一定成效。《世界投资报告》数据显示，2016年英国的外资流入量达到1790亿美元，其全球排名从2015年的第12位跃升至 2016 年的第 2 位。为了更好地引进外商直接投资，英国制定了一套完整的引资优惠政策，具体包括以下三个方面：一是建立宽松的市场准入制度，尤其是对不涉及国防等安全领域和对国内一些重要公司的兼并等外商投资行为无须获取英国政府的同意。二是在税收方面，英国对外资企业实施大力度的优惠政策，同时对资本收益采取额外的减免税政策。三是为了积极应对中国、印度等发展中国家和美国、日本等发达国家的引资挑战，英国充分利用自身比较优势来吸引外商直接投资。例如，将金融服务、医疗和教育等国内优势行业列为英国重点扶持的行业，进一步扩大作为国际金融中心之一的伦敦的全球影响力，并营造良好的引资软环境。

三　亚洲实践经验考察

（一）日本经验考察

日本是世界第三大经济体，它在经济的各个层面都取得了较大成就，而外资的引进对其经济发展水平的进一步提升起到了十分重要的作用。因此，中国有必要借鉴其经验来促进国内绿色发展。日本的引资经验归纳如下：一是日本颁布《日本公司法》，从法律上确认外资企业与本土企业享受同等待遇的地位。二是日本专门设立引资机构，鼓励其在世界范围内开设分支机构，并通过举办研讨会的形式向全球宣传日本的商机和投资环境，树立日本良好的投资地形象。同时，该机构为境外投资者提供咨询和代办各种投资手续等服务和帮助。此外，该机构同政府一道在教育、医疗和养老等方面为在日投资者提供生活便利。三是在引资审批方面，日本以立法形式简化了外商直接投资的申报和变更程序，并且允许外资企业对除核原料、原油和天然气之外的日本矿业的投资可以从事前申请调整为事后报告。四是日本构建了中央和地方统一的引资体系，以整体推动日本经济发展。为了促进日本企业再生，日本政府放宽外资并购条件，准许拥有生产优势、专业能力和风险资金的跨国企业股权收购本土濒临破产的中小企业。五是在金融和信贷方面，日本为出资比例超过 30% 且投资于日本制造业、服务业和批发零售业等行业的跨国企业提供优惠税率和债务担保。同时，日本政策银行会为跨国企业在日新建工厂、从事 R&D 活动等提供融资便利，地方政府也会对其实施减免事业税和不动产取得税等优惠政策。六是日本在吸收外商直接投资的同时，高度重视其技术含量。日本引资、引技术秉持的基本原则是：一方面，引进国外先进技术的主要目的是消化和吸收先进技术并加以提高和创新，进而形成自主新技术。另一方面，贯彻"软硬技术并引，且以软技术为主"的引进方针，采取技术和管理经验一并引进的引资策略。此外，由于欧美发达经济体的跨国企业拥有雄厚的技术和资金实力，因而日本更倾向引进这些国家的外商直接投资。

（二）新加坡经验考察

近年来，作为全球最开放国家之一的新加坡的经济发展取得了举世瞩目的成就，其吸收外资的成功对本国经济腾飞起到了重要的引擎作用。因此，新加坡的引资方法和政策值得中国借鉴和学习。其具体经验如下：一是打造经济外交，推介新加坡的投资环境。新加坡的外交活动主要以经济为中心，其政要经常出访世界发达国家，介绍本国的投资环境和优惠引资政策，并主动争取这些国家的优质投资。同时，国内部分民间商业组织，也频频参与全球经济活动，让世界更加了解新加坡的投资环境，从而有利于吸引更多的外商直接投资。二是因地制宜，营造良好的引资硬环境。新加坡结合本国地理区位和经济发展特征，通过努力完善交通运输、邮电通信等基础设施，以及大力发展写字楼和酒店等房地产业来吸引外商直接投资。三是完善国内金融市场，为外企提供优质金融服务。新加坡长期致力于本国金融市场发展，不断完善商业银行体系，改革外汇制度，努力促使本国金融发展多样化、现代化和国际化，从而有效满足外资企业的金融需求。四是打造廉洁服务型政府，为外资企业提供优质政务服务。新加坡建立了一套完整而严格的行政服务规章制度，其行政机构设置的层级较少，工作效率较高，对外资的审批十分快捷。而且政府官员和一般工作人员的廉洁度较高，一般都能够秉公执法，有效解决外资企业的实际问题。五是建立完备的外资法律法规体系，保障合法投资的安全性。新加坡构建了比较完善的法律法规体系，且公民的法治感比较强，这提升了外资对新加坡的安全感。同时，政府通过与美国、德国和日本等发达国家签订投资保证协定，按协定内容在一定时期内保护外资在新加坡的合法权益，因战争或其他非商业因素所带来的损失，一律由新加坡政府买单。

第四节 本章小结

本章首先系统回顾了垄断优势理论、产品生命周期理论、内部化优势理论、国际生产折衷理论和比较优势理论等经典的外商直接投资理论，内生增长理论、知识溢出理论等知识技术溢出理论，环境技术理论、可持续发展理论和环境经济学理论等绿色全要素生产率理论；其次，从外商直接投资的技术溢出效应和绿色全要素生产率测算等方面对国内外相关文献进行了总结和评述；最后，考察了美国、巴西、德国、日本和新加坡等世界主要国家的引资经验。

第三章

FDI 对东道国 GTFP 影响的理论分析框架

要全面分析外商直接投资对东道国绿色全要素生产率增长的影响，首先需构建外商直接投资对东道国绿色全要素生产率影响的理论分析框架，包括明晰外商直接投资与绿色全要素生产率相关概念的内涵，厘清二者之间的基本关系原理。因此，本章将在对外商直接投资和绿色全要素生产率的概念进行界定的基础上，系统阐述外商直接投资对绿色全要素生产率影响的机理，以期为后续章节提供坚实的理论基础。

第一节 FDI 与 GTFP 的相关概念界定

一 外商直接投资的概念及内涵

（一）外商直接投资的定义

关于外商直接投资的定义，国内外学术界存在一定争论。例如，国际货币基金组织认为外商直接投资是一种国际投资，它主要体现某个经济体的居民从其他经济体企业获取长期收益的目的。李向升（2014）认为外商直接投资通常是指国际间的企业合作，该合作包括重大股权和有效管理决策权，以及对国外合作者的所有权控制等。外商直接投资也涉及其他广泛、非股权形式的合作，包括有形的物质供应和国外企业对国内企业提供的无形资产。同时，外商直接投资的定义又有广义和狭义之分。广义的外商直接投资包括外商对中国的直接投资和中国对外的直接投资，而狭义的外商直接投资仅指外商对中国的投资。刘正瑜（2015）认为外商直接投资是指一国（地区）的投资者（法人或自然人）跨国境投入资本或其他生产要素，以获取利润或稀缺生产要素为目的的投资活动，其核心是获得或控制相应的企业经营管理权。胡晓亚（2016）认为外商直接投资是指一个国家（地区）的投资者为了获得持久的利润而到其他国家（地区）创办或经营企业，并掌控企业的部分产权以及控制企业的经营管理权的一种投资行为。

考虑到本书主要探究外商直接投资与中国绿色全要素生产率增长之间的关系，因而本书借鉴已有研究成果，并结合中国实际情况将外商直接投资定义为：外商直接投资是指中国港澳台地区和全球其他国家（地区）的法人（企业、经济组织）或自然人以获得利润、生产要素和相应的企业经营管理权等为目的，按照中国相关法律法规，在中国境内开办外商独资企业、与中国境内企业或经济组织共同开办中外合资企业、合作经营企业或合作开发资源等的一种国际投资活动。

（二）外商直接投资的基本类型

国内外学术界对外商直接投资的类型划分标准主要有以下三种（李向升，2014）：

一是按照海外市场进入模式划分。按照不同类型的海外市场进入模式，将外商直接投资划分为收购兼并和绿地投资两种类型。其中，收购兼并型外商直接投资是指境外投资者依照东道国相关法律法规，通过收购兼并东道国企业的方式获得投资地企业的全部或部分所有权，以实现对当地企业的控制并将当地企业变成外资企业的一种国际投资行为。绿地投资型（或称创建投资型）外商直接投资是指跨国企业等投资主体在东道国境内开办全新企业的一种国际投资活动。其具体包括两种形式，即外商独资、外商与东道国投资主体合作举办合资企业。考虑到绿地型投资不但能够为投资地带来新的技术、厂房设备和管理等，还可以创造出新的工作岗位，并吸纳大量劳动力，故东道国倾向采取各种优惠政策来吸引绿地投资。同时，相对于兼并收购而言，绿地投资可以更有效地防止技术扩散以维持跨国企业对东道国的优势地位，因而这种投资方式备受国外投资者青睐。

二是按照海外市场生产方式划分。按照海外市场生产方式的类别，可以将外商直接投资划分为垂直、水平和混合型。其中，垂直型外商直接投资亦称出口导向型外商直接投资。由于不同国家具有不同的比较优势，使得一个产品的不同生产环节放在不同国家生产成为一种可能，且发展中国家也能够依靠资源和劳动力方面的价格优势参与这种全球化的生产，但容易陷入低端生产链的不利局面。水平型外商直接投资是指跨国企业将整个生产过程置于东道国，并将最终产品也投放至东道国市场。混合型外商直接投资则是垂直型和水平型外商直接投资的有机结合体，且同时具备两者的特征。

三是按照海外市场投资目的划分。依据海外市场目的的不同，可以将外商直接投资划分为市场、效率、资源和战略资产导向型等不同类型。其中，市场导向型外商直接投资是指国外投资者为了绕开东道国的贸易壁垒打开其市场并达到降低成本的目的，将东道国锁定为目标市场，并通过在东道国投资开办企业进行产品的生产和销售的一种国际投资活动。如果国外投资者是为了充分利用东道国相对低廉的生产成本，并将产品主要销往其他跨国企业而进行的东道国投资。那么，这种外商直接投资便称为效率导向型外商直接投资。若国外投资者是为了利用东道国价格低廉的且母国比较稀缺的某些生产资料而进行的外商直接投资，这种类型的外商直接投资则被称作资源导向型外商直接投资。国外投资者基于战略发展的考虑通过兼并收购方式来获取东道国的某一特殊技术或资产的外商直接投资行为，被称作战略资产导向型外商直接投资。

就中国而言，外商直接投资主要包括中外合资、中外合作、外商独资和合作开发等基本形式。其中，中外合资（或股权式合营）企业是指境外公司、企业、经济组织等法人或自然人与中国公司、企业或其他经济组织在中国境内共同设立或经营企业。它的主要特征是合资双方共同投资、经营，并按照双方出资比例共担风险和共负盈亏。中外合作经营（或契约式合营）企业是指由境外公司、企业或经济组织等法人或自然人与中国公司、企业或其他经济组织在中国境内共同投资或提供合作条件开办的企业。其特点在于国外合作者提供全部或大部分资金，而中方主要提供土地、厂房和可利用设备等。外商独资企业是指境外公司、企业或经济组织等法人或自然人与中国公司、企业或其他经济组织在中国境内开办的由国外投资者全部出资的企业。合作开发是国际上在自然资源领域使用较为广泛的一种经济合作方式，它主要包括勘探、开发和生产三个阶段，其最大特征在于高投入、高收益和高风险并存。需要指出的是，随着经济全球化的深入和中国对外开放水平的提升，外商直接投资的新形式不断涌现，比如BOT、投资性公司、外商投资股份公司和跨国并购等。

二 绿色技术进步的概念及内涵

（一）技术的概念

要科学界定绿色技术进步的概念，首先要弄清楚技术的概念。技术通常是指人们为了满足自身的需求和愿望，以遵循自然规律为前提，在长期利用和改造自然的过程中，利用已有事物形成新事物或改变现有事物功能的方法、技能和手段的总和。它一般具有明确的使用范围以及能够被认知的形式和载体，比如原材料、产成品、工艺、标准和计量方法等。根据不同的范畴，技术具有不同的定义。在经济学范畴方面，技术的定义又有广义和狭义之分。广义的技术涵盖静态和动态两个方面，前者是指"东西是怎样做出来的"，而后者是指"用于赶超的东西"（曾德聪、仲长荣，1997）。李平（1999）则认为在任何范畴，技术都应具有成熟性、动态性、相对重要性、可获得性等特征，且作为人类利用资源从事经济活动的有效手段的技术还应包含产品、人力和组织等方面，也是为了经济生产而开发工艺和产品技术。而内生经济增长理论认为，技术具有三个特点，即非竞争性、投资回报具备私人和公共产品的双重属性以及技术变化是私人主体将资源投向新产品开发的结果。

（二）技术进步的概念

技术进步的定义有广义和狭义之分。广义的技术进步是指技术所包含的各种形式知识的积累和改进。狭义的技术进步是指生产工艺、中间投入产品和制造技能等方面的革新与改进，其具体表现为对旧设备的改造、采用新设备改进旧工艺以及利用新工艺或新材料（能源）对原产品进行改进并开发新产品（李向升，2014）。同时，在此过程中也会提高工人的技能水平。

技术进步的渠道主要包括内外部两个方面，内部渠道主要是以自主研发来实现技术进步，包含率先创新和模仿创新两种形式。外部渠道则包括引进技术和利用技术溢出。自主研发是指利用自身力量，连续进行研发投入，并通过自主创新来实现技术进步。率先创新是指开辟全新领域的创新，也是根本性的创新。考虑到首次创新在研发过程中缺乏一定参照，且前景未知，方向把握难度较大，故率先创新存在较高的风险。若这种创新一旦成功，将可以维持一定时间的垄断优势，并对后入者形成一定障碍，进而实现较大的经济收益。模仿创新则是基于他人率先创新成果上的再创新。这种创新方式具有自身的优势，即模范创新不但可以借鉴已有的率先创新成果，并在研发过程中保持明确的前进方向，大大减少了研发的不确定性，还能够按照自身需求来革新现有创新成果，并降低其投入和风险。但模仿创新应制定长远的规划，了解最新技术前沿，以适应外部环境的变化，从而尽量减少失误。

技术引进通常是指一个国家（地区）的企业、研究单位、机构为满足国内技术相关需求，通过一定方式从拥有先进技术的国家（地区）引进比较成熟的技术。技术引进是一种跨国行为，其类型主要包括从国外引进工艺、制造技术、技术方法资料、技术服务、成套或关键设备及相应人才等。鉴于从国外引进的技术较为成熟，这种技术引进方式不仅可以减少技术研发过程中的投入费用和时间成本，还可以降低自主研发带来的开发风险，达到快速提升技术水平的目的。需要指出的是，技术引进和模仿创新一样，缺乏基础研究，容易受制于国外具备先进技术的国家（地区）。如果这些国家（地区）实施技术封锁，则不利于引进国的技术水平提升，并容易陷入被动局面。

技术溢出亦称技术外溢，是技术进步的另一个重要途径。在对技术溢出概念进行界定时，需先了解溢出的概念。溢出（Spillover）的概念可以追溯至 Marshall（1890）的研究，他将溢出等同于外部性。Macdougall（1960）则在探究外商直接投资与东道国经济福利之间的关系时提出了"溢出效应"的概念。技术溢出是指技术处于领先地位的企业对行业内或行业间企业的技术扩散。它是一种外部效应，且具有无偿性和非自愿性特征，即先进技术拥有者不能完全占有其收益，且部分收益也可能被其他使用者无偿占有。换言之，新技术开发者传播其技术是无意识的，且这种传播又不可避免。相关研究表明，大部分新技术在短期内就可以被竞争者获取，且不必支付任何费用（Mansfield et al., 1981; Klette, 1996）。从理论层面来讲，只要技术水平存在差异，技术外溢现象就会发生，这与"水往低处流"有异曲同工之妙。技术溢出包括技术转移、技术转让和技术扩散。在这几种技术溢出方式中，技术转移的范围比技术转让更广，且技术溢出是技术拥有者的非自愿技术扩散。

技术溢出既包含企业间和行业间的溢出，又包括国家间的溢出。对于外商直接投资的东道国生产率溢出效应研究，主要体现在企业间和行业间的溢出效应。行业间技术溢出效应是指外企通过对东道国同一行业内企业的技术溢出，并推动当地行业内生产能力和技术水平的提升。这种溢出效应又分为示范和竞争效应。相对于内企而言，外企更具技术优势。外企采用的先进生产、管理技术为同行业企业提供了学习和模仿的对象，而为了在激烈的市场竞争中立于不败之地，东道国企业也愿意通过借鉴和吸收外企的先进生产技术以及现代企业管理经验，来提升自我生产能力和技术水平，从而形成示范效应。同时，由于外资的流入，在一定程度上加剧了当地同行企业的竞争压力，这也迫使当地企业除了模仿和学习外企的生产和管理之外，还会通过强化投入和优化配置来提升自身技术水平。而当本地企业技术水平的提高，也会促使外企提升技术水平来稳固自己的竞争优势地位，从而产生新一轮的技术溢出效应。国际技术溢出是指在经济全球化背景下，通过国际间的技术传播，引起东道国的技术、生产力进步。这种技术溢出又可细分为物化和非物化技术溢出。前者是指通过进出口贸易、国际间投资进行技术扩散。后者则是指通过学术交流、科学论文和商业间谍等方式进行技术的国际间扩散。但本书更侧重对前者的研究。

（三）绿色技术进步的概念

本书所探究的绿色技术进步是指在传统技术进步度量的基础上，综合考虑资源环境约束下的技术进步。而外商直接投资的绿色技术溢出效应则是指外商直接投资的流入将国外先进的生产、管理和环境技术非自愿扩散至东道国，并对东道国企业资源环境约束下的技术水平产生影响，但却不能因此而获取全部收益。

三 绿色全要素生产率的概念及内涵

（一）生产率的概念

追古溯今，人类梦寐以求并为之奋斗的目标是不断推动人类文明的进步并实现人类的高度文明。而生产率（Production Rate）的不断提升是其重要标志之一。"生产率"一词起源于西方，并逐渐传入中国。西方较早的生产率理论多以使用价值的实现为主线，并聚焦于人们所创造财富的增长以及个体间的分工合作。同时，那一时期的生产率理论研究主要涵盖工农业生产领域，且"生产率"基本等同于"劳动生产率"。在此基础上，西方经济学界发展了边际生产率（Marginal Productivity）理论。然而，由于不同经济学者对生产率的认知存在一定差异，也导致其对生产率的定义有所不同。但总体而言，各定义所阐释的内涵均大同小异，且基本一致，即生产率是指社会生产过程中产出与投入的比率（孟维华，2011）。这种生产率的定义也得到了绝大多数经济学家的认同。由于所考察的生产要素或测算方法的不同，生产率可划分为以下主要类型：一是依据生产要素的种类，可将生产率细分为劳动生产率、资本生产率、原材料生产率和能源生产率等。二是依据生产要素的数量，可将生产率划分为单要素生产率、多要素生产率和总要素生产率（或称全要素生产率）。其中，单要素生产率是指仅考虑一种要素投入所得出的生产率，即产出量总和与某种要素投入量的比率。多要素生产率是指考虑多种要素投入所得出的生产率，即产出量总和与多种要素投入量的比率。总生产率是指考虑全部要素投入所得出的生产率，即产出总量与全部要素投入量的比率。三是依据测算方法，可将生产率划分为静态生产率和动态生产率。其中，静态生产率是指某一给定时期产出量与投入量的比率，也表示一个测算时期内的生产率绝对水平。动态生产率是指一个测定时期的静态生产率与基准期静态生产率的比值。这种生产率反映了不同时期生产率的变化。该指数大于1，表示当期生产率相对于基准期是提高的；该指数小于1，则相反。

（二）全要素生产率的概念

由于在早期传统的研究中，通常采用资本和劳动生产率等单要素生产率（Single Factor Productivity，SFP）来表征生产率效率。然而，在实际社会生产过程中，不同的生产要素之间具有一定的替代性。例如，采用劳动代替资本来生产同一数量的产出时，可能会出现因劳动投入量的增加而降低劳动生产率，资本投入量的减少而提高资本生产率的情况（李向升，2014）。因而，使用SFP来反映实际生产情况值得商榷。于是，学术界越来越把目光聚焦到了全要素生产率上。全要素生产率（Total Factor Productivity，TFP），亦称"总要素生产率"，是相对于单要素生产率而言的。通常是指生产活动在一定时间内的效率，是总产量和全部要素投入量之比。其中，总投入要素涵盖了资本、劳动和自然资源等全部生产要素。近年来，随着全要素生产率理论的日臻完善，部分学者认为应将知识积累和科学技术等因素纳入 TFP 的测算体系框架。

根据索罗增长模型，可以将引起社会经济增长的因素分解为两部分：一部分反映投入要素增长，即通过增加资本、劳动和资源等投入要素来推动经济增长；另一部分则归因于技术进步或效率提升等非要素投入的增长（Romer，2011）。绝大多数学者将该部分视为全要素生产率的增长。它综合反映了知识教育的增进、资源配置的优化、技术熟练、规模经济以及组织管理等在经济增长中的作用，且常被视为衡量一个国家（地区）经济增长质量的重要指标（王兵、刘光天，2015）。据此，本书借鉴现有研究成果（吴青青，2015），赋予传统 TFP 更为一般化的定义，即在社会经济生产过程中扣除资本和劳动等投入要素之外的生产率，着重强调技术进步和技术效率的改进对生产率的推动作用。

一般而言，全要素生产率可以从技术进步与效率改进两个方面进行综合考量。其中，技术进步的定义具有广义和狭义之分。广义的技术进步是指由知识的积累、沉淀、更新和发明创造的产生以及新技能的应用导致的生产率提升。而狭义的技术进步仅指由生产工具、工艺流程等方面的改进和创新所带来的生产效率提升。毋庸置疑，技术进步是 TFP 增长的重要组成部分，也是一个国家（地区）经济持续增长的关键。同时，技术进步包含了科技创新和科技成果的应用，部分学者认为技术创新在全要素生产率增长过程中起着主导作用，即技术创新是经济增长的重要推力（马丹丹，2012）。效率改进则是一种追赶效应，可以将其进一步分解为纯技术效率和规模效率变动。纯技术效率变动通常是指在规模收益不变情况下，生产决策单元因管理能力的提升、生产经验的积累和制度的更新所带来的生产效率提升。规模效率变动则是指生产单元因扩大规模和产生规模经济而引发的生产效率提升。基于此，全要素生产率的测算方式主要有以下三种：一是产出增长率减去要素投入的增长率，该方法估算的全要素生产率实质上是一种余量，即已知的投入产出增长率之差。二是物化的技术进步加上非物化的技术进步，但二者并不是绝对的分离。三是技术进步加上效率的改进。总览现有文献，发现多数学者采用第三种方式对全要素生产率进行核算。

（三）绿色全要素生产率的概念

在新古典经济学中，学者们对全要素生产率的研究通常忽视了资源和

· 48 ·

环境污染在全要素生产率测算中所起的功效，而仅是单一考虑资本和劳动等投入要素对经济增长的影响。然而，随着资源和环境问题日益凸显，经济学界和环境科学界的学者们逐渐意识到在利用全要素生产率评价地区经济绩效和社会福利时，不但要考虑传统的资本、劳动要素，还需考虑经济发展带来的资源消耗和环境损失。于是部分学者尝试将污染物排放同资本、劳动和能源一道作为投入要素纳入生产函数（Mohtadi，1996），并核算得到资源和环境约束下的全要素生产率。这也就赋予了全要素生产率的可计算性和绿色内涵。随着人们对全要素生产率认知的加深以及全要素生产率测算技术的进步，相关理论和实证研究认为污染排放是伴随着合意产出（期望产出或"好"产出）而产生的负产品，具备产出特征，且给人们的生活带来了一定不良后果，应当将其视为非合意产出（非期望产出或"坏"产出），而不应简单地将其纳入投入要素（吴青青，2015）。自从 Chung 等（1997）首次得出了真正意义上的绿色全要素生产率，即将污染排放作为"坏"产出，利用方向性距离函数和 Malmquist–Luenberger（ML）指数测算了瑞典纸浆厂的全要素生产率。随后，国内学术界也掀起了一股"环境或绿色全要素生产率研究"的热潮。

综合上述分析，本书在借鉴现有研究成果的基础上，将绿色全要素生产率（Green Total Factor Productivity，GTFP）定义为：在传统全要素生产率基础上，将环境污染、资源消耗分别作为非合意产出和其中一项投入要素纳入全要素生产率测算体系，所得的全要素生产率便是绿色全要素生产率。

第二节 FDI 对东道国 GTFP 影响的机理分析

基于上述分析可知，外商直接投资对东道国全要素生产率及经济增长具有多重影响。那么，在资源环境约束下，外商直接投资对东道国全要素生产率会产生怎样的影响呢？其内在机理又是什么？接下来，本章节将从外商直接投资的资本形成效应、技术转移效应、技术溢出效应和环境溢出效应四个方面，深入剖析外商直接投资对东道国绿色全要素生产率影响的机理，具体如图 3-1 所示。

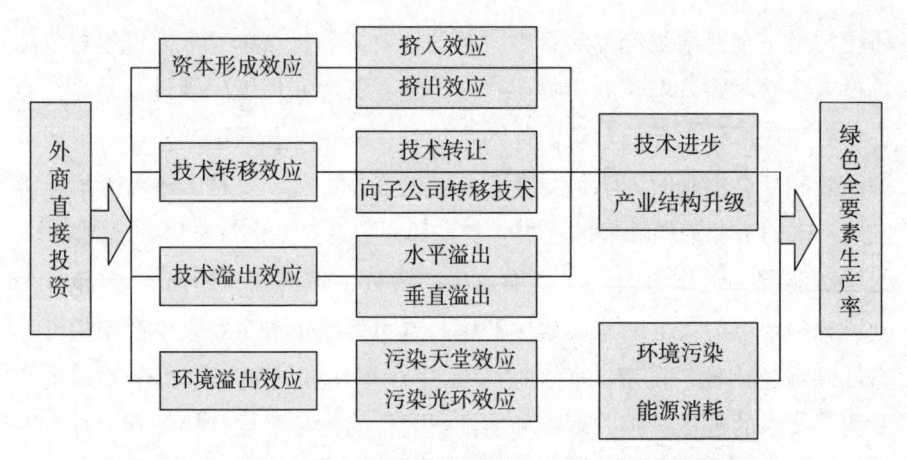

图 3-1　外商直接投资对东道国绿色全要素生产率的影响机理

一　外商直接投资的资本形成效应

作为"资本、知识、技术、管理和营销结合体"（Cheng and Kwan，2000）的 FDI 流入会对东道国国内投资产生一定影响，并作用于国内技术进步和产业结构调整，进而间接影响东道国全要素生产率。因此，研究 FDI 对东道国全要素生产率的影响机理，需首先了解 FDI 对东道国的资本溢出效应，即 FDI 的资本形成过程。

回顾国内外研究动态，FDI 资本形成的理论研究可追溯至著名经济学家 R. Nurse 在其著作《不发达国家的资本形成问题》中对资本形成问题的探讨。他认为资本形成问题是发展中国家在经济发展初期化解大规模投资、资本短缺之间的矛盾和脱离"贫困的恶性循环"的重要途径，这也构成了早期 FDI 资本形成理论的雏形。20 世纪 60 年代，G. D. Macdougall 和 M. C. Ketmp 等学者构建了 FDI 与世界经济、东道国和母国经济之间关系的一般模型，其含义为：资本要素充沛国家的资本流向资本要素稀缺的国家，不但能够促使各国资本的价格更加均等化，还可以促进全球资源的最优配置（任淮秀，2001）。Chenery 和 Strout（1966）提出了经典的"两缺口"理论，即强调采用储蓄缺口和外汇缺口来分析发展中国家利用 FDI 的问题。在此基础上，A. O. Hirschman 提出了"三缺口"理论，该理论是对"两缺口"模型的修正，并在储蓄和外汇缺口上增加了技术缺口，而"四缺口"理论则是在"三缺口"理论的基础上增加了税收缺口。

对于国外研究而言，国内学术界对 FDI 的资本形成理论研究起步较晚。

马全军和鞠加亮（1999）在对"内外资双溢出"现象进行观察时，发现在国内储蓄剩余的情形下，大量外资的涌入不但会导致资源配置错位的问题，还可能付出巨大的资金沉淀成本和国民经济成本。刘学武（2001）通过构建完全信息博弈模型，认为从地方政府制定的外商直接投资税率小于依据社会福利最大化原则应有的税率角度来看，中国存在过量吸收外商直接投资的隐忧。蒲应燮（2006）则利用资本边际收益线的变化，考察了在不同条件下FDI挤入（挤出）东道国国内投资的作用机制，认为产品市场、金融市场和要素市场是FDI挤入（挤出）东道国国内投资的主要机制，且国外资本技术含量的提升（使资本边际收益线趋于平滑）以及东道国优惠政策（使边际收益线上移）等因素会导致FDI对国内投资产生一定挤出效应。祝波（2007）认为FDI的引进可能加剧市场竞争的程度，并侵占东道国企业的市场和国内资本的投资机会，导致内资企业市场萎缩和当地资本投资量的减少，进而降低国内企业的生产率。

在实证研究领域，国内外学术界对FDI究竟是"挤入"还是"挤出"东道国国内投资的问题研究，尚未形成统一结论。Loo（1977）基于1948—1966年加拿大的数据，考察了FDI与加拿大国内资本形成的关系，其结果表明FDI增加了加拿大的国内总投资。Bosworth等（1999）采用1979—1995年58个发展中国家的数据，实证研究了FDI、证券投资和银行贷款等资本流入对东道国国内投资和储蓄的影响，认为不同的投资形式会产生不同的挤出效果，即FDI会增加国内总投资，且表现为中性，证券投资对国内总投资呈现"完全挤出"的现象，而银行贷款则介于二者之间。Agosin和Machado（2005）利用1970—1996年39个亚非拉国家的经验数据分析发现FDI资本形成存在国别差异。从国家数量来看，19个国家的FDI具有中性效应，挤入或挤出效应的国家各有10个；从洲际划分来看，亚洲国家通常呈现中性和挤入效应，拉美国家主要呈现中性和挤出效应，而非洲国家同时存在三种效应。国内学者陆建军（2003）、徐颖君（2006）、薄文广（2006）和罗长远（2007）等通过实证研究，认为FDI对东道国国内投资具有挤入效应。而部分学者并不认同该观点，比如，杨柳勇和沈国良（2002）认为FDI挤出了国内投资，张倩肖（2004）进一步发现FDI对国内投资具有替代效应，且认为引资政策的制定不能基于FDI增加东道国国内投资和生产能力的假设。王永齐（2005）的研究结果则表明，整体而言，FDI 对中国国内投资的挤入挤出效应不明显。

一般而言，FDI 主要通过技术溢出、产业关联等效应与东道国国内企业产生联系，但这种联系也最终会体现在东道国的产品、要素和金融市场上。具体而言，在产品市场方面，若 FDI 企业提供的产品恰好是内资企业的替代品，那么，FDI 企业的较高性能或较低成本的产品，可能对东道国部分国内投资产生挤出效应；若 FDI 企业提供的产品恰好是互补品，则可能对东道国部分国内投资产生挤入效应；若 FDI 企业提供的产品恰好是东道国没有的新产品，这会带来新的投资，并对国内投资产生示范效应，从而引致国内投资的跟进。在要素市场方面，FDI 企业的投资活动可能影响生产要素的需求，并作用于国内企业的生产成本，从而对国内投资产生影响；在金融市场方面，由于 FDI 企业普遍拥有较好的信用等级，因而他们往往备受内资金融机构的青睐。

鉴于 FDI 资本形成（资本溢出）效应的最终效果主要表现为挤入和挤出效应，因此，本章节将借鉴田泽永（2009）的思想，从这两个方面深入分析 FDI 的资本形成效应机理，具体如图 3-2 所示。

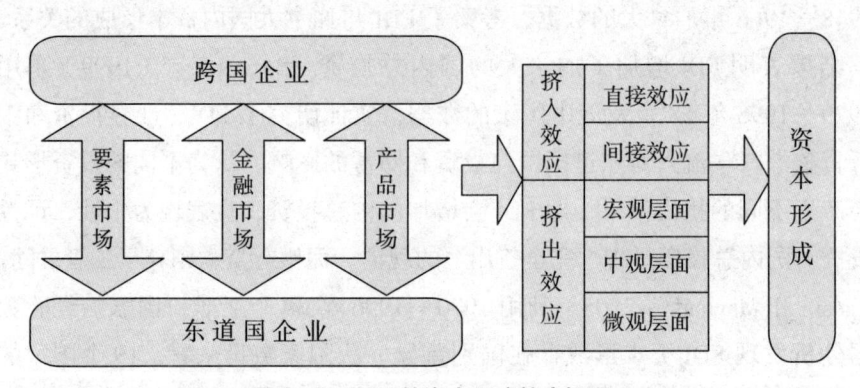

图 3-2　FDI 的资本形成效应机理

资料来源：田泽永：《FDI 的资本形成与技术溢出效应研究——基于江苏民营制造业视角》，博士学位论文，南京航空航天大学，2009 年。

（一）FDI 对东道国国内投资的挤入效应

1. 直接挤入效应

直接挤入效应通常是指 FDI 的进入不但扩大了东道国可用于投资的储蓄规模，还在一定程度上填补了现实存在的储蓄和外汇缺口。同时，在金融市场的影响下，储蓄会进一步转化成新的投资，且外来的资本也会直接转换为现实的生产力，进而有助于东道国资本的形成以及全要素生产率增长。一般而言，直接挤入效应主要体现在以下几个方面：一是绿地投资，扩大东道国投资规模（朱劲松，2001）。在东道国经济发展初期，其国内投资机会较为丰富，以"绿地投资"方式进入的 FDI 通常选择绕开国内投资热点，并与之形成互补局面。同时，大量的 FDI 流入在一定程度上填补了东道国的储蓄缺口，并有助于国内投资计划的实行。即此时的 FDI 对国内投资具有挤入效应。但随着东道国经济的不断发展，有利的投资机会将趋于减少，FDI 与国内投资的竞争和摩擦也日益增多，这将打破原有的互补局面，并逐渐向替代转变。二是购并企业，盘活资本存量。随着 FDI 的不断发展，购并投资逐渐成为一种新兴的投资方式，其投资数额也逐渐超越"绿地投资"，并引领 FDI 投资方式的潮流。尽管购并投资未直接增加资本形成，但其利用股权向外方转移的方式，不但盘活了部分资本存量，还在一定程度上提升了资本存量的使用效率，这也有利于国内资本的形成。三是利润再投资和追加投资。一方面，东道国会采用税收和土地优惠等方式来鼓励 FDI 企业将获取的利润进行再投资，进而扩大投资总量规模。另一方面，FDI 企业自身也可能因扩大生产规模或实施技术改造而追加投资，尤其是为了保持更高的技术水平或更强的产能，在购并投资完成之后，FDI 企业为进行必要的技术改造或产能扩充，势必追加投资。

2. 间接挤入效应

相较直接挤入效应而言，FDI 的间接挤入效应更多的是通过产业渠道作用于投资总量。尽管该效应在当时难以被观察，但它的确会发生，且存在滞后性特征。同时，该效应主要通过以下渠道作用于市场效率，并影响东道国生产率。一是产业关联效应带动相关投资。产业关联效应是指某一产业由于自身发展而带动相关产业发展的一种作用效果，其主要包括前向和后向关联效应。FDI 通过对上游企业的要素或中间品的高需求以及向下游企业提供优质中间品的方式，促进上、下游企业的发展，并形成前后向关联效应，从而有利于相关产业的投资扩张。二是通过竞争、示范效应引致国内相关产业投资规模的扩大。一方面，FDI 的进入会加剧东道国国内市场的竞争，并驱使国内同行业企业增加研发投资，以及探寻有效的技术和资源优化配置的渠道，进而提升企业生产率。另一方面，FDI 带来的先进管理和营销经验等会对国内企业产生示范效应，且很快被国内企业所掌握。此外，

FDI 的引进也会带来一定的新产品，刺激国内消费者的消费需求以及抬高消费档次，进而形成一种新的市场扩张效应，这也促使国内企业涌入该领域，并增加其投资。三是促进东道国资本市场的发展，提升国内资本形成效率。FDI 流入东道国之后，可能在当地资本市场融资。在这个融资过程中，FDI 企业也会无意识地将国际资本市场的先进经验传输至东道国，并促进其资金利用效率的提升以及资本市场的完善。国内资本市场的完善将为当地民营企业的健康成长提供更好的金融支持，进而加速国内资本的形成。

（二）FDI 对东道国国内投资的挤出效应

1. 宏观政策层面的挤出效应

宏观层面的挤出效应主要体现在以下两个方面：一是 FDI 的"超国民待遇"引致的挤出。为了快速发展当地经济，东道国倾向采用税收和土地优惠政策来最大限度地吸引 FDI，但这容易形成 FDI 的"超国民待遇"。这种待遇直接赋予了 FDI 企业比内资企业更强的市场竞争力，且 FDI 企业自身具备资金、管理和人才等先天优势，这不但加剧内外资企业的不公平竞争，还造成 FDI 企业的生产经营成本远低于内资企业，并使其拥有更强的低成本扩张优势，而这可能带来的后果便是内资企业遭受排挤，甚至面临被挤出本土市场的风险。二是金融抑制造成的挤出。Alfaro 等（2004）认为拥有发达金融市场的国家（地区）可以从 FDI 获取更多的利益，金融市场落后的国家（地区）则难以从 FDI 中获益，甚至可能获取负向收益。单就中国而言，由于中国金融机构的体制性倾向较为严重，即金融资源主要根据政治性主从顺序实行分配，当 FDI 的竞争或合作出现投资机会时，国内民营企业可能会因从企业外部获取金融支持受阻而错失投资机会。因而，在金融抑制作用下，FDI 的流入容易对东道国国内民营企业的投资产生挤出效应。

2. 中观产业层面的挤出效应

中观产业层面的挤出效应又分直接挤出效应和间接挤出效应。其中，直接挤出效应主要通过以下两个渠道产生：一是结构趋同导致挤出。一方面，部分东道国的地方政府竞相采取"逐底竞争"的引资方式，并在同一行业重复引资。尽管这种引资模式能够快速吸引大量的外资，但它严重偏离了合理利用外资的初衷（外资仅作为国内资金的有效补充且与内资形成良性互补，并合理引导外资进入国民经济发展的"瓶颈"产业，以优化产业结构，提升全要素生产率），也会造成 FDI 对国内投资的挤出效应。另

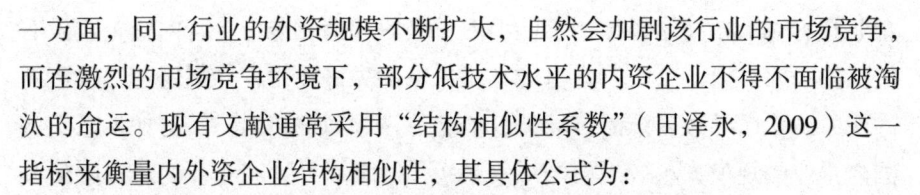

一方面，同一行业的外资规模不断扩大，自然会加剧该行业的市场竞争，而在激烈的市场竞争环境下，部分低技术水平的内资企业不得不面临被淘汰的命运。现有文献通常采用"结构相似性系数"（田泽永，2009）这一指标来衡量内外资企业结构相似性，其具体公式为：

$$S_{AB}=\sum_{i}^{m}Y_{Ai}Y_{Bi}/(\sum_{i}^{m}Y_{Ai}^2\sum_{i}^{m}Y_{Bi}^2)^{1/2} \tag{3.1}$$

式（3.1）中，A、B 分别表示外资企业和内资企业在同一地区的产业结构，Y_{Ai}、Y_{Bi} 分别表示产业 i 中外资和内资企业各自的比例，S_{AB} 表示内外资企业结构相似性指数，其取值范围为 0—1，该指数值越大，说明该地区内外资的产业结构相似度越高。二是外资市场垄断导致挤出。跨国企业在同东道国国内企业的竞争中，依靠其先进的技术、管理和营销等方面的优势通过多种方式垄断东道国国内某些重要产业和市场，从而对国内企业形成了严重的挤出效应。

中观产业层面的间接挤出效应主要体现在以下两个方面：一是弱关联效应导致的挤出。关联效应的大小是关系到挤入和挤出的重要环节之一，其中，FDI 的行业选择显得至关重要，并可采用影响力和感应度系数来衡量关联效应的大小。前者是指某个产业影响其他产业的能力，相反，后者是指其他产业对这个产业的影响程度。一般而言，如果感应度较低，则最终消费品生产对上游产业的投资拉动有限。同时，若 FDI 企业以上游 FDI 企业采购或直接进口中间产品为主，与内资企业缺乏联系，而形成两头在外的"飞地经济"的话，即使 FDI 流入感应度较高的行业，也难以与内资企业形成关联而对国内投资产生挤出效应。二是畸形的消费结构扭曲资源配置而导致的挤出。伴随东道国经济增长，其个人可支配收入以及收入差距也都在扩大。为了迎合部分先富一族的超前奢侈消费需求，FDI 倾向进入东道国具有超额利润的奢侈品生产、销售行业。若 FDI 流入单是抬高了国内奢侈品的供给水平，则该投资容易扭曲东道国的经济结构，并造成当地具有高投资需求的基础性项目难以获得充足的资金支持，尤其是这些奢侈品行业的高利润可能误导国内投资的流向，使国内投资大量涌向该行业，从而扭曲东道国资源配置，抑制其经济结构升级。

3. 微观层面的挤出效应

从微观层面来看，FDI 对东道国同一行业的不同企业或不同行业企业的挤入挤出效果存在一定差异，其具体表现如下：一是东道国不同的国内企业具有对 FDI 技术溢出的不同学习、吸收和消化能力，若内资企业没有较强的吸收能力，则难以模仿 FDI 所带来的先进技术，并削弱其二次创新的能力，从而导致其产品市场被其他企业占领而被挤出。二是如果东道国国内企业的规模太小或规模经济水平较低，那么，这些企业将难以降低其生产成本，并在产品竞争中处于劣势地位，从而会因无法抵御 FDI 的市场竞争，而被逐渐挤出市场。

二 外商直接投资的技术转移效应

技术进步对产业发展具有强大的推动力，在技术日新月异的今天尤为凸显。FDI 可以通过技术转移促进东道国技术进步，并提升其全要素生产率。这一点正逐渐被部分研究所证实。FDI 的技术转移主要包括技术从母公司向海外子公司转移和从子公司向东道国合作者转移，其具体表现如下：

（一）通过技术转让途径提高东道国传统产业的全要素生产率

就东道国尤其是发展中国家的传统产业而言，尽管产业形成了一定规模，但只能满足国内基本消费需求，且这些产业存在明显的粗放式生产特点，即生产工艺和生产设备较落后、技术和管理水平较低等。如果单纯追加这些产业的资本，则只能在其原有的生产方式上粗放地进行产能扩张，而不利于产业和产品层次的有效提升。FDI 的流入可以通过技术出售、许可证、技术援助以及合作研究与开发等途径与该传统产业衔接，促进其资源配置效率的提升，并有助于提高当地企业的技术改造速度和产业全要素生产率。

（二）通过向子公司转移较为先进的技术来提升东道国全要素生产率

跨国企业可以借助内部化的交易机制，将母公司的设备、技术和专利等转移至位于东道国的子公司，并在当地形成较高质量的新增资产。国外投资者之所以采取直接投资的方式，主要出于以下两个方面的考虑：一方面，东道国的法律环境尤其是知识产权保护的相关法律法规可能不完善；另一方面，为了保持自身对东道国企业的技术优势和竞争利益，相较转让给当地企业的技术来说，转移至子公司的技术相对更为成熟，甚至部分产业和产品还可以弥补当地缺口，进而推动当地产业结构优化升级，提升全要素生产率。

需要指出的是，FDI 的技术转移效应还受到 FDI 的动机影响。即由于地理区位、资源禀赋和历史政策等缘由，各跨国企业怀揣不同的投资动机，其对东道国的技术转移能力也可能有所不同，进而对东道国全要素生产率的影响可能存在一定差异。

FDI 的动机在一定程度上决定着其位于东道国子公司的产业分布及其行为特点,并进一步作用于当地的产业结构调整和全要素生产率提升。按照跨国企业的战略目标,可将 FDI 的动机划分为市场、资源、成本和战略导向四种主要类型(见表 3-1)。

表 3-1　　　　　　　　　　FDI 动机类型

投资动机	东道国优势	投资战略	投资行业
市场导向型	市场规模、物质与劳动力成本以及政府贸易投资政策等优势	维护现有市场地位、在新市场挤压当前和潜在竞争者	计算机、医药、汽车、卷烟、食品加工和航运服务等
资源导向型	充沛的自然资源、完善的交通通信等基础设施、完备的税收和土地等优惠政策	相较其他投资动机而言,享受自然资源优先获取的便利	石油、铜和锌等工业原料,菠萝、香蕉和可可等农产品原料,劳动密集型产品以及生产加工
成本导向型	生产专业化和集中化、廉价劳动力成本以及政府鼓励当地生产等优势	实现全球或地区生产合理化以及确保加工专业化优势	汽车、电器、商用服务和研发、纺织服装、消费电器、医药和照相机等
战略导向型	提供投资者匮乏的技术和其他战略资源(如政治稳定)等	提升创新和生产能力、开辟新的市场和生产线	任何高成本和具有规模经济的行业

资料来源:李向升:《FDI 对广东省制造业全要素生产率增长的影响研究》,博士学位论文,暨南大学,2014 年。

1. 市场导向型

部分 FDI 会到东道国进行生产,并将其产品主要投放至当地市场,这可能基于以下几个方面的考虑:一是看重东道国巨大的市场潜力。伴随跨国企业产能的提升,产品在母国国内销售逐渐处于饱和状态,企业间的市场竞争也日趋激烈。在此情况下,如果企业继续在本国进行生产和销售,其获利的空间将非常小,甚至可能出现亏损局面。为了走出该困境,企业将目光投向了海外同类产品且未大规模生产的国家,并就近使用东道国自然资源、劳动力等生产要素进行生产,而且将产品就地销售,快速占领东道国市场,进而获取比在母国投资更丰厚的利润。二是规避贸易壁垒。尽管当前全球范围内的贸易政策的主题逐步从贸易保护主义转变为贸易自由化,但仍然有部分国家或地区从保护国内产业发展出发,利用关税或其他非关税等贸易壁垒,尽量抬高进口企业的成本,进而导致进口的商品在当地丧失应有的竞争力。为了应对这种局面并保持自身对同类产品的优势，企业通常会选择海外直接投资并在东道国开展生产和销售等活动。三是考虑到产品的特殊性。由于部分保质期特别短的商品不适合长距离跨国运输，以及酒店、宾馆等服务难以通过贸易方式进行流通，因而跨国企业对这些商品或服务更倾向市场导向型的FDI。

2. 资源导向型

众所周知，世界上任何一个国家（地区）都不可能同时具备本国产业发展所需的所有资源禀赋。当一国（地区）的石油和矿产等自然资源出现供不应求时，该国（地区）的企业可能将目光投向海外自然资源丰富的国家（地区），并采取FDI或对外贸易等方式来化解本国生产所面临的原材料紧缺难题。例如，世界部分发达经济体的多数跨国企业选择在橡胶种植基地生产轮胎的初级产品，再销往他国。总体而言，资源导向型的产业大多是劳动密集型产业，且主要表现为初级产品和最终产品生产国之间的垂直型专业分工。然而，这种分工对东道国产业结构的升级效应是有限的，甚至可能导致东道国产生严重的路径依赖，并阻碍东道国的产业结构优化升级。值得关注的是，伴随全球经济的不断发展，资源环境问题日益凸显，发达国家（地区）逐渐重视本国资源环境问题，并采取严格的环境规制措施来限制高能耗、高污染产业及产业链在国内发展。跨国企业为了规避国内严格的环境规制，降低环境成本，倾向将污染产业转移至海外环境规制相对宽松的发展中国家，而这些国家可能沦为发达国家的"污染避难所"。

3. 成本导向型

考虑到部分国家尤其是经济欠发达的发展中国家，在土地和劳动力等生产要素方面对发达国家具有低廉优势，因此，多数跨国企业会选择进入这些国家，并重点投资当地的劳动密集型产业，进而比在母国投资获得更高的资本回报。

4. 战略导向型

部分企业尤其是大型企业，基于自身安全或竞争等战略考虑，主动投资与自己是竞争对手的国家，以分散自身风险。例如，在20世纪六七十年代，美国的汽车产业大刀阔斧地进军国际市场，而日本为了应对美国汽车产业对民族汽车产业的冲击，便采取有效措施，鼓励本土汽车企业主动投资美国的R&D密集产业，以获取其先进技术。

从上述几种 FDI 的主要类型来看,一般而言,市场导向型 FDI 的技术转移强度往往高于其他类型的 FDI。究其原因,可能有如下三点:一是市场导向型 FDI 企业和东道国企业的竞争更加激烈。为了自身在市场竞争中始终处于优势地位,跨国企业通常会加大其 R&D 投入力度,这可能发生明显的技术转移效应,并促进当地全要素生产率增长。二是市场导向型 FDI 通常对东道国的静态比较优势的依赖程度较低,且它们的目光重点关注新的市场机会或生产潜力,因而该类型 FDI 一般会流入技术密集型产业,并促进当地技术进步和全要素生产率增长。三是相对于其他类型的 FDI 来说,市场导向型 FDI 和东道国的经济联系更为紧密,其技术转移程度自然高于其他类型。

三 外商直接投资的技术溢出效应

FDI 的技术溢出效应通常是指 FDI 流入所带来的技术扩散或溢出作用于东道国企业技术进步,进而影响东道国全要素生产率。它主要体现在产业内的水平溢出和产业间的垂直溢出效应两个方面。其中,产业内水平溢出效应又分为示范效应、竞争效应和培训效应等,产业间的垂直溢出效应则包括产业间前向关联效应和后向关联效应。如图 3-3 所示。

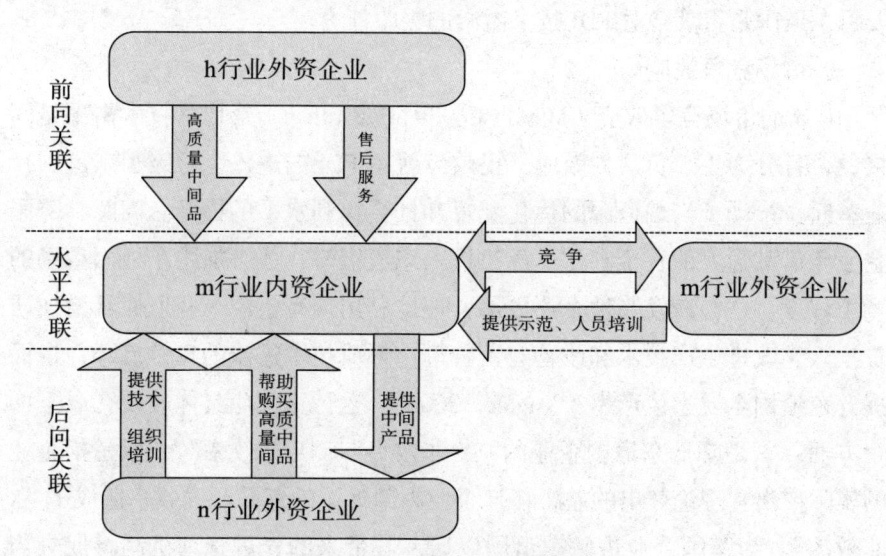

图 3-3 FDI 技术溢出效应

资料来源:荆周:《FDI 流入的技术溢出效应理论与实证研究——地区与行业视角》,硕士学位论文,重庆大学,2008 年。

（一）产业内的水平溢出效应

1. 示范—模仿效应

示范—模仿效应（Demonstration-Imitation Effect）一般是指由于跨国企业和东道国企业之间存在一定技术差距，跨国企业无意识地对东道国企业起到了示范作用，而东道国企业则可以通过学习和模仿 FDI 企业的先进技术、管理和销售经验等来提升其技术和管理水平，从而有利于东道国全要素生产率增长。具体而言，当跨国企业敲开东道国大门时，无疑拓展了东道国企业与国外市场的交流途径，也拉近了二者的空间距离。同时，跨国企业将新技术、生产流程和先进管理、营销经验带入国内，并进行双方合作，这为东道国企业提供了接触先进技术和管理经验的良好渠道，进而对东道国企业形成了示范作用。随着东道国企业与跨国企业的子公司进行接触，当地企业可以通过学习、模仿、吸收和消化跨国企业的先进技术，并不断改进自身生产流程，提升企业生产率，进而提高整个行业的技术含量。若没有跨国企业的进驻，那么，东道国企业可能付出更高的成本来获得新技术。对于东道国企业而言，这种"逆向工程"为国内企业模仿技术和减少研发成本提供了一条重要渠道。然而，示范—模仿效应的存在并不意味着东道国一定能够学习、吸收跨国企业的先进技术和管理经验，这还要看东道国是否具备对 FDI 技术溢出的吸收能力。

2. 市场竞争效应

FDI 的市场竞争效应（Market Competition Effect）形成的技术溢出是间接的，且分为正、负两种效应。正效应就是 FDI 的进入，打破了东道国行业垄断，推动了当地资源的优化配置和社会福利水平的提升。同时，跨国企业凭借其强大的资金和技术优势进入东道国时，势必加剧东道国市场的竞争程度，这会激发当地企业更加合理地利用现有资源，并迫使其增加研发投入、改进生产技术和改善经营管理，形成技术进步的良性循环，进而提升东道国全要素生产率（Kugler，2006）。这种正效应具体表现在以下两个方面：一是降低东道国企业的"X 非效率"。"X 非效率"一般是指企业的实际产出和理论产出的差距，且企业内部低下的资源配置效率造成了"X 非效率"。当跨国企业进驻东道国以后，其带来的先进管理机制将促进当地企业资源的优化配置以及提升各单位之间的协调度和生产效率。二是集聚效应。集聚效应不仅会加剧东道国企业之间的竞争程度，还会强化企业之间的合作。当集聚效应达到一定程度时，集聚区可能形成良好的"生态圈"，并可以让该区域内的企业都会从中获得好处。负效应则是跨国企业进入东道国市场依靠其技术和管理优势，抢占了当地市场并形成市场垄断势力，可能导致东道国企业破产。

3. 人员培训效应

人员培训效应（Personnel Training Effect），也称作"劳动力溢出效应"。人员的培训和流动是把跨国企业具备的知识存量转化为生产力的有效渠道，也是FDI技术溢出的重要路径。一般来讲，跨国企业进入东道国之后，其带来的先进设备需要具备一定技术能力的操作人员，且企业制度的健康运行也需要熟悉制度的管理人员，而跨国企业自身的人员数量有限，势必使用当地人力资源。然而，当地原有的人力资源通常难以满足跨国企业的技术和管理要求，这就需要跨国企业对当地劳动人员进行教育和培训，并使其参与技术改进和产品研发过程。当这些经过外企培训后的人员日后经过正常的劳动力流动渠道再进入本土企业时，跨国企业的先进技术和管理经验会随之流入本土企业，并推动这些企业技术进步和企业制度的完善，从而促进企业生产率提高乃至整个国家全要素生产率增长。

（二）产业间的垂直溢出效应

FDI的产业间垂直溢出效应最早由Lall在考察印度卡车制造业时提出，它主要是指跨国企业与东道国企业之间在产业链上形成的纵向产业间关联效应。王玲和涂勤（2007）利用1998—2003年中国地区数据分析，认为FDI的明显技术溢出主要发生在上下游企业间，而在产业内部的溢出效应则不明显，甚至表现为负向溢出效应。按照跨国企业所关联的企业处于生产链的不同位置，可以将FDI的产业间垂直溢出效应细分为前向关联效应和后向关联效应。

1. 前向关联效应

前向关联效应（Forward Linkages Effect）是指上游外资企业向东道国企业提供中间产品而形成的外溢效应。由于跨国企业具有更高的技术和管理水平，提供给东道国下游企业的中间产品和售后服务等往往具有较高的质量水平，而下游当地企业恰好能够运用这些高质量的中间品来提升其产品质量，进而接受跨国企业带来的外溢效应。

2. 后向关联效应

后向关联效应（Backward Linkages Effect）是指跨国企业向东道国上游厂商购买原材料和零部件等所产生的外溢效应。一般情况下，跨国企业并不愿意主动向当地企业传输先进技术和管理经验等。然而，基于维持产品质量和减少生产成本等考虑，跨国企业也可能向当地企业提供一定技术和指导，从而提升当地企业的技术和管理水平。

为了进一步了解FDI技术溢出效应的机理，本书将对其进行数理分析。总览现有文献，发现FDI技术溢出的早期研究多数以不完全竞争下的产业组织理论为基础，侧重分析FDI对东道国企业产生的正向技术溢出，而回避了FDI存在负向技术溢出的可能性。接下来，本书借鉴荆周（2008）的思想，对FDI的技术溢出效应进行数理分析。

首先，假定在开放经济框架下，一个国家（地区）拥有外资企业和m个同质的内资企业，且它们在辖区内按产量进行"古诺"竞争。外企的均衡产量用Q^*表示，每个内资企业的均衡产量用q_j表示，则内资企业的总产量可用Q表示，即：

$$Q = \sum_{j=1}^{m} q_j \tag{3.2}$$

市场需求函数为：

$$P = \lambda - Q - Q^* \tag{3.3}$$

内资企业j的生产函数为：

$$q_j = AX_j - F \tag{3.4}$$

式（3.4）中，A表示技术水平，X表示投入要素，F表示固定成本。可变成本函数可用C_j表示，即：

$$C_j = wX_j = w(q_j + F)/A \tag{3.5}$$

式（3.5）中，w表示要素价格，那么，厂商的边际成本可表示为：

$$MC = w/A \tag{3.6}$$

总成本的数学表达式为：

$$TC = MC(q_j + FA) \tag{3.7}$$

如果厂商按照"古诺"型市场的行为假设进行反应，那么，在均衡条件下，且外资企业的产量为Q^*，每个内资企业的反应函数的表达式为：

$$q_j = (\lambda - Q^* - MC)/(m+1) \tag{3.8}$$

进一步地，假定内资企业的技术水平由如下表达式决定，即：

$$A = \mu_j e^{\varphi Q^*} \quad (3.9)$$

式（3.9）中，μ_j 为中间产品要素投入技术进步乘数（或中间厂商研发的相对效率）。

接下来，把内资企业的生产函数改写为：

$$q_j = AX_j(1 - F/AX_j) = AX_j(1 + F/q_j)^{-1} \quad (3.10)$$

把式（3.9）代入式（3.10）中，整理可得：

$$q_j = \mu_j e^{\varphi Q^*} X_j (1 + F/q_j)^{-1} \quad (3.11)$$

将式（3.11）进行对数化处理，则有：

$$\ln q_j = \ln \mu_j + \varphi Q^* + \ln X_j - F/q_j - 1 \quad (3.12)$$

为了方便考察 q_j 与 Q^* 的关系，需简化处理 F/q_j。于是，令 $k(Q^*) = F/q_j$，并将式（3.8）代入其中，整理可得：

$$k(Q^*) = F/q_j = F(m+1)/(\lambda - Q^* - MC) \quad (3.13)$$

利用泰勒展开式把式（3.13）在 $Q^* = 0$ 处展开，可得：

$$k(Q^*) = k(0) + k'(Q_0^*) \cdot Q^* = F(m+1)/(\lambda - MC) + F(m+1)/(\lambda - MC)^2 \cdot Q^* \quad (3.14)$$

将式（3.14）代入式（3.12）中，则有：

$$\ln q_j = \ln \mu_j + \varphi Q^* + \ln X_j - F(m+1)/(\lambda - MC)^2 \cdot Q^* - F(m+1)/(\lambda - MC) - 1 \quad (3.15)$$

令 $\theta = -F(m+1)/(\lambda - MC)^2$，$\delta = -F(m+1)/(\lambda - MC) - 1$，并对式（3.15）进行简化处理，可得：

$$\ln q_j = \delta + \ln \mu_j + \ln X_j + (\varphi + \theta) Q^* \quad (3.16)$$

观察式（3.16）可知，外资企业对东道国内资企业技术水平存在正负两方面的影响，且跨国企业对当地企业是否存在技术溢出效应主要取决于 φ、θ 的大小。具体而言，当 $\varphi > 0$ 时，外资企业会对内资企业产生正向技术溢出；当 $\theta < 0$ 时，跨国企业进入东道国之后，通过"市场攫取效应"挤压东道国内资企业的市场份额，使内资企业不能达到最优产量，并增加其平均成本，从而导致其生产率下降。

四 外商直接投资的环境溢出效应

FDI 流入不但会作用于东道国全要素生产率增长，还可能对当地生态环境产生一定影响。国内外学术界对 FDI 流入与东道国环境污染之间的关系展开了深入研究，并取得了丰富的研究成果，其归纳如下：一是"污染避难所"或"污染天堂"假说（Pollution Haven Hypothesis）。"污染避难所"

假说最早由Walter和Ugelow（1978）提出，并经Baumol和Oates（1988）等学者不断丰富和完善。该假说认为在经济发展初期，发展中国家为了发展本国经济，倾向通过降低环境标准来吸引FDI，于是发达国家将"肮脏"产业（高污染和高能耗产业）及产业链转移到发展中国家，这些地区便沦为发达国家的"污染避难所"。支持该假说的代表性文献有Markusen和Venables（1999）、List和Co（2000）、Keller和Levinson（2002）、张宇和蒋殿春（2014）、罗能生和刘滔（2014）、廖显春和夏恩龙（2015）、金春雨和王伟强（2016）等。二是"污染光环"或"污染光晕"假说（Pollution Halo Hypothesis）。该假说认为FDI带来的先进生产和环境技术不仅降低了自身污染排放，还可以通过学习、竞争和示范效应带动当地企业进行清洁生产，并提高本地企业资源利用效率，从而降低行业乃至整个地区的环境污染水平（Chudnovsky and Lopez, 1999；Letchumanan and Kodama, 2000；Eskeland and Harrison, 2003；Wang and Jin, 2002；Frankel, 2003；许和连、邓玉萍，2012；聂飞、刘海云，2015；郑强等，2016）。

针对上述分歧，部分学者认为FDI与东道国环境污染之间的关系可能不太确定，需要具体分析，其主要体现在以下几个方面：一是FDI对东道国环境污染的影响呈倒"U"形、"N"形等非线性特征。比如，包群等（2010）和计志英等（2015）利用中国经验数据分析，认为FDI流入对中国环境污染的影响呈倒"U"形特征。刘渝琳等（2015）则通过构建空间面板模型实证发现FDI与中国环境污染之间存在"N"形关系。二是FDI的环境效应具有区域异质性特征。比如，刘飞宇和赵爱清（2016）利用2003—2012年中国285个地级以上城市面板数据，并建立空间面板模型，实证检验了FDI对东道国环境污染的影响，其结果表明FDI流入对中国城市环境污染具有"污染天堂"和"污染光环"双重效应，且区域差异明显。三是FDI的环境效应受到东道国吸收能力因素的影响。Song和Woo（2008）认为投资地收入水平是影响FDI环境效应的重要因素，当投资地收入较低时，当地对环境污染的承载力较高，FDI流入可能加剧当地环境污染；当收入提升到较高水平时，收入提高将改善环保投资和环境规制，进而抑制FDI对环境的负面影响。刘渝琳和温怀德（2007）利用分组检验方法，考察了人力资本对FDI环境效应的影响，其结果表明，高人力资本有利于吸引高质量FDI，并实现FDI的"污染光环"效应，而中人力资本则相反。冷艳丽等（2015）认为贸易开放度和产业结构是影响 FDI 环境效应的重要因素。李子豪和刘辉煌（2013）、白俊红和吕晓红（2015）则认为 FDI 流入对东道国环境污染的影响存在基于人力资本、环境规制和研发投入等吸收能力因素的门槛特征。四是 FDI 的环境效应是多方面综合作用的结果。Grossman 和 Krueger（1991）从规模、结构和技术效应三个角度分析了 FDI 对东道国环境污染的影响，但这三种效应或正或负，其叠加结果才是 FDI 对环境污染的净效应。随后，Antweiler 等（1998）以及其他学者对 Grossman 和 Krueger（1991）的观点进行了丰富和完善。

基于此，本书在 Antweiler 等（1998）的理论分析基础上，借鉴邓玉萍（2011）的思想，从规模、结构和技术效应三个方面，系统分析 FDI 对东道国环境污染的影响机理。

（一）规模效应

规模效应是指 FDI 流入通过影响东道国经济规模而引致的环境效应。具体而言，FDI 主要通过以下三个渠道对东道国环境污染产生规模效应。第一，FDI 的流入在扩大东道国生产规模的同时，也会排放更多的污染物（Hilton and Levinsion，1998）。随着 FDI 流入引致的东道国经济规模的扩大，外资企业对资源和能源的需求也逐渐上升。因而外资企业可能会大力攫取当地资源，并排放更多的污染物，这无疑增加了当地资源和环境压力。由此可见，单纯的 FDI 投资规模的扩大可能恶化东道国环境质量。第二，FDI 的引进不仅可以通过经济规模扩张引致的规模收益递增效应来降低单位产出能耗，还可以通过并购重组当地企业，提高企业生产和治污效率，从而有利于本地环境质量的改善。第三，基于环境库兹涅茨曲线（EKC）理论[①]，FDI 流入引致的经济规模扩张可以提高当地收入水平。随着收入的增加以及公民环保诉求上升，地方政府愿意并拥有一定经济实力去加大环保投资力度，进而改善环境质量。

（二）结构效应

结构效应是指 FDI 流入通过影响本地产业结构而产生的环境效应。FDI 对东道国环境污染的结构效应具体表现在以下几个方面：一方面，东

---

① 环境库兹涅茨曲线（EKC）理论认为人均收入与环境污染之间呈倒"U"形关系，即环境污染会随着人均收入的提高呈现先升后降的趋势。

道国通过制定比较严格的环境标准来引导 FDI 进入低污染、低能耗产业，将有助于本地产业结构趋于绿色化，进而改善地区环境质量。另一方面，如果东道国降低环境门槛来吸引 FDI，可能诱使 FDI 将污染产业转移到环境管制相对宽松的地区，这将给当地生态环境增添新负担。此外，东道国经济发展处于不同阶段，FDI 的流入对当地环境污染的影响也可能存在一定差异。也就是说，当东道国经济发展以资源密集型产业为主时，FDI 带来的环境问题主要表现为对土地和矿产等自然资源的大肆攫取；当东道国重工业处于主导地位时，FDI 引致的环境问题更多地表现为大气污染和有害物质的累积；当东道国更加重视高科技和服务产业时，则 FDI 的引进将有利于当地产业向绿色生产方向转型（张国骥，2005）。综上所述，FDI 的进入结构会对东道国环境污染产生重要影响。

（三）技术效应

技术效应是指 FDI 通过技术转移和扩散效应对东道国环境产生的影响。该效应的具体表现如下：一是由于跨国企业的母国实行较为严格的环境规制，FDI 通常会加强其环境技术的研发力度，因而其环保理念和环境技术在全球都居于领先位置。部分环保意识较强的国家（地区）通过引进这些先进的环保理念和技术提升了当地环保设施的建设能力，并促进了环境友好型技术的转移和扩散，从而有利于当地环境质量的改善。同时，伴随经济全球化发展，跨国企业在全世界范围内掀起了资本与技术密集型战略产业并购的高潮，而这些对东道国原有企业的改造、并购可能带来更为先进的技术，并提升被并购企业的生产率，在该过程中也会对当地生态环境带来一定的正面影响（张宏，2001）。二是虽然部分 FDI 流入东道国污染密集型产业，但在与当地企业合作生产过程中，FDI 带来的先进生产技术和治污技术可能通过示范—模仿、市场竞争、人员培训和产业关联等效应对当地产生较强的技术溢出效应，带动东道国企业进行清洁生产，并提升当地企业乃至整个地区的资源利用率和治污效率。然而，"每枚硬币都有两面"，FDI 的环境技术溢出效应也存在消极的一面。即如果东道国环保法律法规很不完善，且地方政府为了短期税收效益和直接降低引资成本，经不住 FDI 低廉技术转移的诱惑，偏好引进大量过时、有害的技术和工艺流程（Andreoni and Levion，2001；张彦博、郭亚军，2009），那么，此时的 FDI 可能对当地产生负向技术溢出效应。

第三节 本章小结

本章首先科学界定了外商直接投资、绿色技术进步和绿色全要素生产率的概念及内涵，然后，从外商直接投资的资本形成、技术转移、技术溢出和环境溢出效应四个方面系统阐述了外商直接投资对东道国绿色全要素生产率影响的机理。研究发现：从理论上来讲，外商直接投资对东道国绿色全要素生产率影响可能存在正、负两个方面。接下来的章节将对外商直接投资与中国绿色全要素生产率之间的关系进行实证研究，看能否找到正面溢出的经验证据。

第四章
FDI 与中国 GTFP 的现状及问题分析

研究外商直接投资与中国绿色全要素生产率之间的关系，不仅需要构建外商直接投资与中国绿色全要素生产率之间关系的理论分析框架，还需全面了解外商直接投资与中国绿色全要素生产率的现状、特征、趋势及存在的问题。故本章将从时间和地区维度系统分析外商直接投资与中国绿色全要素生产率的现状及主要问题，以期为后续实证研究提供充分的现实依据。

第一节 FDI 的总体发展现状与特征

随着经济全球化日益深入，世界各国的竞争不断加剧，全球范围内的外商直接投资也十分活跃。然而，2008 年国际金融危机的爆发，无疑给稳步增长的世界经济带来了巨大创伤，国际贸易量随之萎缩，外商直接投资也不断波动。令人欣慰的是，在国际外商直接投资出现震动时，中国引进外商直接投资却能逆势上扬并保持稳定增长态势，但流入中国的外资在地域和产业分布上存在较大的不平衡性。接下来，本章将系统分析世界范围内外商直接投资的发展趋势以及中国利用外商直接投资的总体现状及特征。

一 全球外商直接投资的发展趋势

分析中国利用外商直接投资现状之前，需要充分了解全球范围内外商直接投资发展趋势。因此，本书通过梳理现有相关文献资料，系统分析全球外商直接投资的发展现状（见图4-1和表4-1）。从图4-1来看，全球范围内的FDI流入量从2005年的1万亿美元左右波动上升至2015年的1.76万亿美元，说明2005—2015年全球FDI流入量整体呈波动上升趋势。同时，受金融海啸和欧债危机的影响，2005—2015年全球FDI流入量大致出现了两次波峰波谷，且波动幅度较大。其中，两次波峰分别为2007年和2011年，两次波谷分别为2009年和2014年。根据联合国贸易和发展会议（UNCTAD）的预测，2016年全球外商直接投资的前景并不乐观。由于全球经济较脆弱，金融市场持续动荡，尤其是部分新兴经济体内需不振，增速放缓，加之地缘政治风险和地区紧张局势可能恶化经济形势。世界绿地投资还将处于停滞状态，部分发展中经济体也可能出现大幅下跌现象，并可能导致当前世界范围内FDI的增长势头难以维持。需要指出的是，2015年全球FDI强势反弹，其流入量跃升至1.76万亿美元，相较2014年增长了38%，也是在2008—2009年国际金融危机以来的最大峰值。这可能是由于跨境合并与收购数额从2014年的4320亿美元骤增至7210亿美元，且这些收购部分主要归功于公司的重新布局，包括税负倒置等。但如果不考虑这种公司重新布局情况，全球FDI流量的增幅则偏小，仅为15%[①]。

按照联合国贸易和发展会议划分的经济体类别来看，全球FDI流入量总体呈现发达经济体、发展中经济体和转型经济体依次递减的分布格局。但2011—2014年发达经济体的FDI流入量呈逐年下滑趋势，而该时期发展中经济体则稳步增长，并在2014年成功超越了发达经济体。另外，发达经济体FDI流入量的变化趋势基本与全球总额的变化趋势一致，且波动幅度都较大。而发展中经济体和转型经济体FDI流入量的波动幅度相对较小。值得关注的是，流入发达经济体的FDI从2014年的5220亿美元猛增至2015年的9620亿美元，几乎翻了一番（增长了84%），其中，欧洲的表现最为强劲。同时，发达经济体的FDI流入量占全球的比重也从2014年的41%骤增至2015年的55%，并一举扭转了前五年FDI主要流入发展中和转型经济体的趋势。也就是说，FDI的天平又摆回了发达经济体一侧。这同样主要归因于跨国并购活动，其中，表现最为活跃的是美国。诚然，

---

① 参考联合国贸易和发展会议的《2016年世界投资报告：投资者国籍：政策挑战》（要旨和概述）。

跨国并购引致的 FDI 有助于生产性投资，但 2015 年完成的诸多交易可归功于公司的重新布局[①]。2015 年流入发展中经济体的 FDI 则小幅上升，达到了 7650 亿美元，且亚洲发展中经济体依然是全球 FDI 流入量最多的区域。

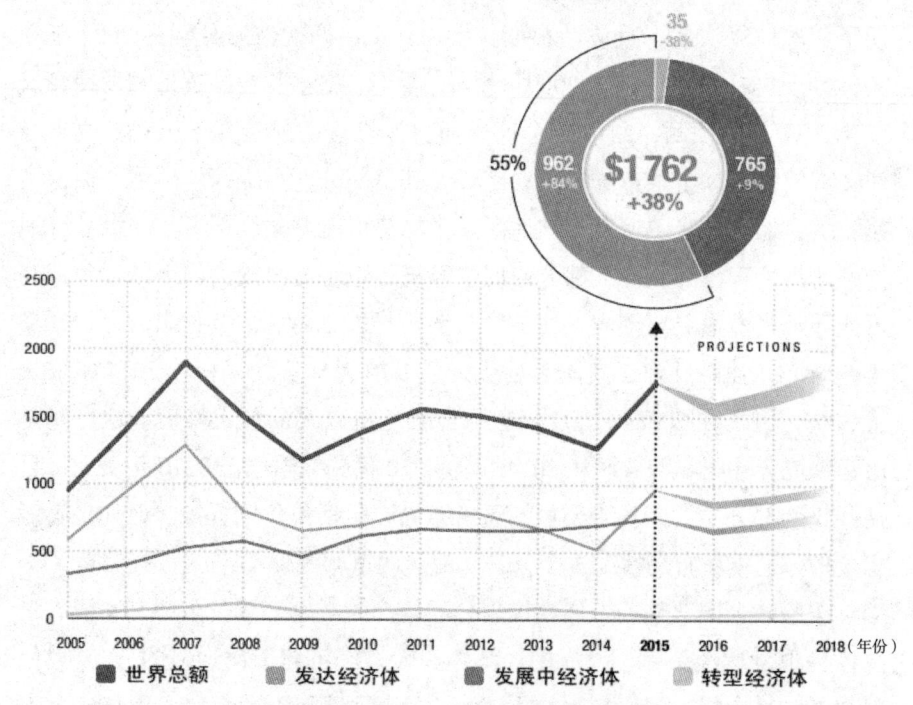

图 4-1　2005—2015 年全球 FDI 流入量变化趋势和 2016—2018 年预测
（单位：10 亿美元、百分比）

资料来源：《2016 年世界投资报告》（要旨和概述）、联合国贸易与发展会议（UNCTAD）外国直接投资 / 多国企业数据库，www.unctad.org/fdistatistics。

表 4-1 则显示了 2006—2015 年世界部分国家（地区）的 FDI 流入量。观察表 4-1 可知，全球 FDI 流入量在波动上升过程中还存在较大的国别差异。同样在金融危机和欧债危机的影响下，世界主要国家（地区）的 FDI 流入量出现了大幅波动，大幅下降后又回升，如此反复（许欣，2015）。此外，从 2014 年数据来看，中国超越美国成为全球最大的 FDI 目的国，中国香港地区则位居第二。到 2015 年，FDI 流入量头把交椅再次易主，美

---

① 参考联合国贸易和发展会议的《2016 年世界投资报告：投资者国籍：政策挑战》（要旨和概述）。

国重新夺回了全球接受 FDI 的最大国的位置，紧随其后的依次是中国香港地区和中国。

表 4-1　　2006—2015 年世界主要国家（地区）FDI 流入量　　单位：10 亿美元

国家（地区）	2006年	2007年	2008年	2009年	2010年	2011年	2012年	2013年	2014年	2015年
美国	237	216	306	144	198	224	160	188	92	380
中国香港	45	62	67	54	83	96	75	77	103	175
中国	73	84	108	95	115	124	121	124	129	136
新加坡	37	48	12	24	55	50	61	64	68	65
巴西	19	35	45	26	49	67	65	64	62	65
加拿大	60	117	62	23	28	40	45	62	54	49
印度	20	25	47	36	27	36	26	28	34	44
法国	72	96	64	24	34	39	25	4	15	43
德国	56	80	8	24	66	60	13	27	1	32
墨西哥	21	32	28	17	23	23	18	38	26	30
澳大利亚	30	45	47	27	36	65	57	50	52	22
意大利	43	44	−11	20	9	34	10	17	23	20
西班牙	31	64	77	10	40	28	26	39	23	23

资料来源：笔者根据历年联合国贸易和发展会议的《世界投资报告》和许欣（2015）的相关数据整理所得。

二　中国利用外商直接投资的现状

（一）发展历程

随着跨国企业发展理论的兴起，自 20 世纪 80 年代以来，世界掀起了一股跨国投资热潮，外商直接投资在全球范围内也迅速增长。最近几年，受国际金融危机和欧债危机的影响，全球外商直接投资出现了较大波动。然而单就中国的情况而言，自改革开放以来，中国一直保持着稳中有增的态势（见图 4-2），并逐渐成为外资的投资热土。

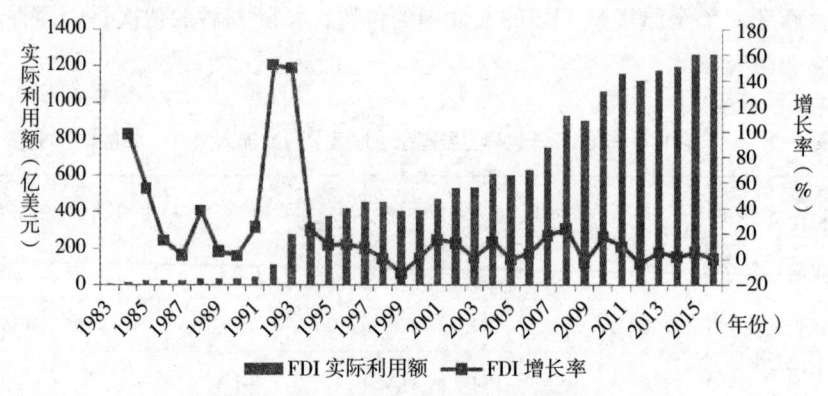

图 4-2　1983—2016 年中国实际利用 FDI 概况

资料来源：根据历年《中国统计年鉴》、《2016 年国民经济和社会发展统计公报》、中经网、商务部数据库的相关数据，笔者整理所得。

图 4-2 显示了 1983—2016 年中国实际利用 FDI 概况[①]。从图 4-2 来看，以 1992 年邓小平同志南方谈话和 2001 年中国加入 WTO 为分界点，可以将中国利用 FDI 的历程细分为以下三个阶段：

1. 初始发展阶段（1979—1991 年）

1979 年 7 月 1 日，第五届全国人民代表大会第二次会议审议通过了中国第一部有关外商直接投资的政策性法规——《中华人民共和国中外合资经营企业法》。该法规的颁布标志着"外商在华投资和兴办企业的利益"得到中国立法确认，由此中国 FDI 政策进入了初级发展阶段。同年 7 月，中央政府同意在厦门、汕头、珠海和深圳这四个城市试办"出口特区"，并在对外经济活动中实行"特殊政策和灵活措施"。1980 年 5 月，中共中央、国务院进一步决定将这四个城市改设为"经济特区"，以便于吸引外资。1980 年 8 月 26 日，党中央又批准通过了《广东省经济特区条例》，决定将广东省设立为经济特区，并要求实施税收减免、外汇结算和土地优惠等政策，营造良好的投资环境，以吸引外资。随后，1983 年 5 月中央政府召开了第一届全国外资引进会议，本次会议全面总结了改革开放以来外资引进的状况，并确立了进一步加大引进外资力度的方针政策。在经济特区试点工作取得一定成就后，1984 年 4 月中央政府决定进一步设立大连、天

[①] 考虑到国家商务部没有发布 1978—1982 年每年的 FDI 实际利用额数据，故本小节分析的数据起始点为 1983 年。

津、秦皇岛、烟台、连云港、上海、温州、福州和广州等14个沿海开放城市，并逐渐建立经济技术开发区。1985年2月，长江三角洲、珠江三角洲、闽东南和环渤海地区又相继开辟为沿海经济开放区。这不但扩大了引进外资优惠政策惠及地区，还进一步规范了外资引进的管理并提高了优惠幅度，其取得的成效也十分显著。同时，还颁布了《中外合资经营企业所得税法》《涉外经济合同法》《鼓励台湾同胞投资的规定》《鼓励华侨和香港澳门同胞投资的规定》等一系列法律法规（刘正瑜，2015），并使FDI法律体系日趋完备。此外，中央政府还逐步下放了外资审批权限，地方政府获得了更多的自主权利，这也在很大程度上提高了外资利用效率。随着1988年海南经济特区和1990年上海浦东新区的设立，中国对外开放和引进外资迈向了新的台阶。

截至1991年，中国合同利用外商投资（包含对外借款）的项目数和金额数分别为13086个和195.83亿美元，其中，外商直接投资的项目数和金额数分别为12978个和119.77亿美元。然而，实际使用外商直接投资为43.66亿美元，仅占当年GDP的1.07%。尽管如此，FDI的引进还是在很大程度上弥补了中国外汇缺口、缓解了国内资金趋紧的情况。

从总体上来看，这一阶段中国利用FDI主要呈现以下几个特征：一是从规模来看，尽管改革开放以来，中国制定了一系列较为行之有效的外资引进优惠政策，中国利用FDI取得了较快增长。但由于引进外资起步较晚，且大部分引资政策还处于探索阶段，实际使用FDI规模始终偏小。二是从空间分布来看，中国利用FDI的地区分布很不合理，其表现为FDI主要集中在广东、福建两个省域和其他沿海城市等若干区域。三是从投资来源地来看，中国利用FDI主要来自香港和澳门，而来自西方发达经济体的FDI较少（主要为日本和美国）。究其原因，除了当时中国政策导向和文化差异等原因之外，还折射出外商对中国投资的诸多顾虑，FDI也显得谨小慎微。因而，外商对华投资仍处于摸索阶段。四是从行业分布来看，FDI主要集中在劳动密集型的一般加工行业，这也意味着廉价劳动力是吸引FDI进驻中国的最重要因素。

2. 高速发展阶段（1992—2001年）

1992年邓小平同志的南方谈话，肯定了改革开放的伟大政策，并打开了中国对外开放的新局面。同时，1992年，中央政府再次决定将五个长江沿岸城市、十一个内陆省会城市以及东北、西南和西北地区十三个边境市县开辟为开放城市，这也标志着引进外资优惠政策的惠及区开始向内地和北方拓展。同年召开的党的十四大也明确提出，要进一步扩大对外开放的区域。至此，中国已基本形成全国范围内的多层次和多渠道的对外开放格局。随后，中国又实行了一系列对外开放政策，为中国 FDI 的飞速增长提供了良好的政策环境，其主要表现在以下几个方面：

（1）在外汇管理方面的改革。1994 年 1 月 1 日，人民币官方汇率同外汇调剂价格正式接轨。同时，中国政府开始推出"一揽子"新政策，具体包括取缔外汇留成和上缴、实行银行结售汇、构建基于市场供求的浮动汇率制度、规范全国外汇市场等。这些政策的实施也结束了中国长期推行的外汇调剂市场汇率和官方汇率并存的外汇双轨制。

（2）在进口关税方面的改革。1996 年 4 月 1 日，中国政府开始大幅调低进口关税，并取消了 FDI 企业投资总额内设备的进口免税。同时，通过对在中国境内已依法成立的 FDI 企业采取设置过渡期的方式（免税宽限期延至 1997 年年底），来保持政策的连续性。

（3）在 FDI 投资产业方面的引导。1995 年 6 月，中国政府出台了《外商投资产业指导目录》《指导外商投资方向暂行规定》等政策，并推行鼓励、允许、限制和禁止投资政策，其好处在于提升了政策的透明度，实现了产业和引资政策的良性互动。至此，除少数涉及国家安全的行业之外，中国金融、保险和律师事务所等诸多行业开始向 FDI 敞开大门。

（4）在投资区域方面的引导。2000 年，中国政府成立了西部地区开发领导小组，强调外资引进是西部大开发战略的重要组成部分之一，并鼓励中西部地区积极引进 FDI。其具体政策包括：鼓励 FDI 进入符合国家产业政策且可以有效发挥中西部地区人力资源优势的领域，对于此前限制 FDI 进入符合国家产业政策又可发挥中西部地区资源优势的项目，现在可适度放宽其限制。这些举措不仅推动了西部地区的快速发展，还在一定程度上提高了 FDI 地区分布的合理性。

在上述政策的推动下，1992—2001 年，中国引进 FDI 整体经历了高速发展的历程，其年均增长 36.09%，但其间也出现了一定调整。根据调整情况，又可将这一阶段细分为两个子阶段，即飞速增长阶段和调整阶段。

一是飞速增长阶段（1992—1996 年）。在该阶段，中国引进 FDI 进入了高速增长轨道。1992年中国实际利用FDI金额达到110.07亿美元，其环比增长率更是高达152.11%，且1993年的环比增长率也达到了惊人的149.98%。毫无疑问，这创造了中国引进FDI史上的"奇迹"。该"奇迹"的诞生主要归因于1992年邓小平同志的南方谈话，为中国的市场化改革和全方位的对外开放铺平了道路。他在南方谈话中提出"多搞点'三资'企业，不要怕"，这也坚定了FDI进入中国的信心，顿时中国成为一片投资热土。在连续经历两年增长"奇迹"之后，1994—1996年，中国FDI实际利用额继续增长，环比增长率分别为22.72%、11.12%和11.21%。中国开始以FDI流入大国的身份亮相国际舞台，并逐步在国际资本市场崭露头角。这一阶段中国引进FDI具有以下几个特点：①投资规模迅速扩张，投资领域也有所扩大，且房地产、基础设施和高新技术等行业的FDI存在明显的提升；②FDI的来源地日益丰富，且来自西方发达国家的FDI不断增加；③不但东部沿海地区的FDI增长迅速，中西部地区在引进FDI方面也取得了较大成效。

二是调整阶段（1997—2001年）。从1997年开始，中国利用FDI规模逐渐呈现明显的下滑态势。1997年中国实际利用FDI的金额为452.57亿美元，1998年为454.63亿美元，相较1997年而言，增长率仅为0.46%，几乎没有增长。1999年中国FDI的实际利用额为403.19亿美元，其增长率为-11.31%，中国引进FDI首次出现负增长现象，这主要受1997年亚洲金融危机的冲击。从1998年中国FDI来源地来看，排名前五位的国家或地区分别为中国香港、维尔京群岛、美国、新加坡和日本，其对应的FDI占比分别为40.71%、8.87%、8.58%、7.49%和7.48%，其中，亚洲地区的FDI占比高达68.91%。由此可见，中国FDI的来源地主要集中在亚洲地区，在亚洲金融危机的冲击下，中国引进FDI的总量势必出现回落现象。虽然该阶段中国利用FDI整体呈下滑态势，但我们更应认识到它实际上是一个投资转折和调整阶段，它会促使FDI进行产业结构、项目规模和国别来源的调整。同时，它也从侧面反映了中国市场经济发展和企业竞争正逐步趋于结构优化，且FDI引进可能逐渐同国际主流经济结构和特征接轨（荆周，2008）。

从整体来看，1992—2001年中国引进FDI又具有一些新的特征：一是中国FDI引进逐步向内地和北方地区蔓延，且部分内陆地区的城市逐渐成为 FDI 的投资热土。二是中国政府强化了对 FDI 进入行业的引导，使 FDI 的行业分布更为合理，FDI 质量也有所提升。三是中国已跻身世界 FDI 流入大国的行列，在国际资本市场扮演着越发重要的角色。同时，中国 FDI 的引进也日益受到国际因素的影响。更进一步来讲，FDI 的区位选择更加理性，其不单受中国优惠政策和廉价劳动力的吸引。四是中国对 FDI 的优惠幅度逐渐减小，并逐渐降低其"超国民待遇"，这也从侧面反映了中国国内资金压力有所缓解，不再单纯看重外资引进的数量，而是更加注重其数量和质量的兼得。

3. 稳健发展阶段（2002 年至今）

从 2001 年起，中国利用 FDI 迈入了一个稳健发展期。自从 2001 年加入 WTO 以来，中国对外开放政策逐步由局部式、渐进式向全方位、推进式转换，其对外开放的重点也开始从工业向服务业转变。同时，为了顺应加入 WTO 后对外开放的发展形势以及为 FDI 进入中国营造更为宽松和公正的政策环境，中国相关部门制定并调整了部分政策法规。其具体包括：取消了 FDI 的外汇平衡要求，并扩大了跨国企业的内销比例；再次修订了《外商投资产业指导目录》，将电信、热力、供排水、燃气等行业向 FDI 敞开大门，且不再限制零售业 FDI 的数量、地域和股权比例等；允许 FDI 设立金融机构，并实施新的《中华人民共和国外资金融机构管理条例》。此外，还颁布了《利用外资改组国有企业暂行规定》和《外商投资者并购境内企业暂行条例》等一系列有关外资并购的法律法规，从而为外资并购营造了良好的法律环境。

值得关注的是，随着"中国制造"时代的来临，跨国企业制造业开始逐步向中国转移，中国地方政府也通过整合当地各种资源并优化投资环境来吸引 FDI，地方政府的引资竞争日渐升温。在这个过程中，中西部地区通过积极引进 FDI 来推动其相关产业的梯度发展，这不仅使其在承接沿海地区劳动密集型产业转移中受益，还在医药制造、汽车、电子和现代农业等高端产业和服务方面形成了相当规模，甚至在部分领域，实现了与东部沿海地区的同步发展。在该阶段，中国电子、集成电路等技术密集型行业的 FDI 在稳步增长的同时，新能源、新材料和节能环保等战略性新兴产业也吸引了越来越多的 FDI。此外，随着中国制造业 FDI 项目的增加，服务业吸收 FDI 的能力也在提升，而且 FDI 在设立的功能性机构数量日益增加，FDI 在华的地区总部、研发中心、结算中心和物流中心等如雨后春笋般出现。

然而，在这一时期，还需特别关注中国 FDI 在面对 2008 年全球金融海啸时的表现。2007 年和 2008 年中国引进 FDI 的环比增长率分别为 18.64% 和 23.58%，但由于受全球金融危机的冲击，2009 年中国 FDI 的实际利用额出现小幅下滑，其环比增长率为 -2.56%。令人意外的是，中国引进 FDI 的数额占全世界份额的比重却有所上升。究其原因，可能是由于中国采取了"一揽子"稳定措施，国内经济经受住了全球金融危机的考验，受到的冲击较小，这也成为危机中 FDI 的最佳选择。

从总体来看，这一阶段中国引进 FDI 的规模呈稳健增长态势，其中，也经历了 2005 年、2009 年和 2013 年的小幅回落。截至 2016 年，中国新设立外商投资企业数为 27900 家，同比增长 4.99%；实际利用 FDI 金额为 1260.01 亿美元，同比增长 -0.21%。随着中国经济逐渐步入新常态以及世界经济形势的变化，中国在引资政策、产业政策和区域政策等方面做出了相应调整，中国 FDI 政策日渐完善。在新常态下，中国引进 FDI 呈现出以下重要特征：一是从投资规模来看，FDI 流入规模日趋稳定，全球份额持续攀升。FDI 的年流量依然持续增长，但增速有所放缓，且引资模式逐渐从"数量"向"质量"、"被动吸收"向"主动抉择"转变。二是从投资地区分布来看，中部地区的 FDI 流入量增速较快，而东西部地区在利用 FDI 方面的增长速度有所放缓。三是从投资产业分布来看，流入第三产业的 FDI 比重进一步提升，且 FDI 逐渐由传统的加工装配行业向服务业和高端行业扩张，行业结构逐步优化。四是从未来发展形势来看，尽管当前中国对 FDI 仍具有较强的吸引能力，但也面临着激烈的竞争和挑战。这可能是由于中国吸引 FDI 的成本优势在逐步削弱，同时，发达经济体推行再工业化战略以及 FDI 国际竞争形势日渐激烈和复杂，也在一定程度上增加了中国引进 FDI 的难度。

（二）空间分布

长期以来，由于自然环境、地理区位和政策倾斜等缘故，中国各地区在经济发展、人力资本、对外开放顺序和水平上存在较大差异，由此造成各区域形成了不同的 FDI 吸收能力，其 FDI 引进规模也有所不同。接下来，本小节结合数据的可得性，利用 1993—2014 年中国省际面板数据对中国利用FDI的空间分布状况进行描述性分析。

1. 中国利用FDI的区域分布特征

现有研究普遍沿用传统的中国经济区域划分标准，即东、中、西部三大地区，但部分学者对其提出了质疑，并认为该划分标准存在一定局限：一是难以体现中国区域经济发展水平最大的差异所在。实际上，东中部之间的差距较大，而中西部的经济发展水平的空间变化差距较小（刘勇，2005a），且西部的陕西、四川和重庆等部分省市和中部的山西、安徽和江西等省份在经济方面更多地表现为"同质性"。二是难以体现每个地区特别是西部地区内部的不均衡性，而且异质的地区间差异被人为的平均数所"同质化"掩盖（徐晓明，2006）。例如，同属西部地区的西藏与陕西、重庆和四川等省域在经济和社会发展方面存在较大差距，这也增加了实行针对性区域政策的难度。三是割裂了部分具有内部紧密经济联系的整体性区域经济体，比如，长江中上游和黄河中上游地区等，这可能抑制区域间经济联系的加强和深化（刘勇，2005b）。同时，考虑到经济全球化和后金融危机时代背景，中国区域经济格局正逐渐呈现"内陆经济崛起"的新特征（阎星等，2012；杨钢、蒋华，2012）。因而，可能需要重新审视中国经济区域的划分。

基于此，本书借鉴张毓峰等（2014）、张林（2016）和郑强等（2017）的做法，将中国划分为沿海、内陆和沿边"新三大经济区域"。其中，沿海地区包括北京、天津、河北、辽宁、上海、江苏、浙江、福建、山东、广东10个省份，内陆地区包括山西、安徽、江西、河南、湖北、湖南、重庆、四川、贵州、陕西、甘肃、青海、宁夏13个省份，沿边地区包括吉林、黑龙江、内蒙古、广西、海南、云南、新疆和西藏8个省份。值得关注的是，尽管甘肃有一段很短的陆地边境线，但由于其绝大部分属于黄河中上游地区，且与宁夏和山西等典型内陆地区的干旱半干旱气候特征和经济特征更为相似，故将其纳入内陆地区。在传统的经济区域划分标准中，海南属于东部地区。然而，考虑到海南在经济基础、城镇化水平、人口密度和社会发展等方面与东部其他省区存在巨大的差距，而与广西等沿边地区的经济特征更为接近，且与越南隔海相望，因而，将其划分到沿边地区。综上所述，本书将根据"新三大经济区域"划分标准对中国利用FDI的区域分布特征进行分析（如图4-3、图4-4和图4-5所示）。

图 4-3 反映了 1993—2014 年中国三大地区实际利用 FDI 总量的基本走势。从图 4-3 来看，样本期间中国实际利用 FDI 总量呈沿海、内陆和沿边地区依次递减的空间分布特征。具体而言，沿海地区实际使用 FDI 总量从 1993 年的 1230.40 亿元波动上升至 2014 年的 10298.96 亿元，1993—2014 年内陆地区实际利用 FDI 总量从 168.29 亿元持续增长至 4805.64 亿元，而沿边地区实际利用 FDI 总量的分布区间为（151.34 亿元，1412.41 亿元），其总量偏低，且增长缓慢。同时，从图 4-3 中还可看出，考察期内沿海地区实际使用 FDI 总量远高于内陆和沿边地区。1993—2001 年内陆和沿边地区差距较小，但 2002 年之后，二者之间的差距逐渐拉大。这也迫切要求中国采取措施，尤其是要打破各地区行政垄断，寻求区域引资合作，促进 FDI 区域间的自由流动，以逐步缩小 FDI 引进的区域差距。

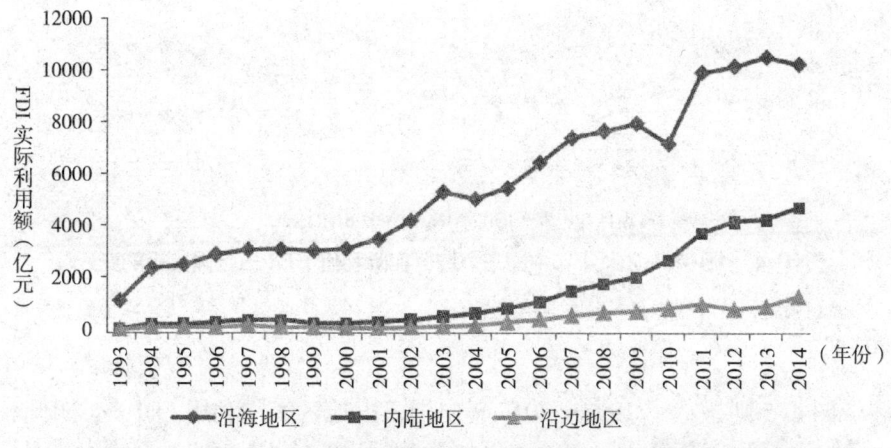

图 4-3　1993—2014 年中国三大地区实际利用 FDI 总量的变化趋势

资料来源：笔者根据历年《中国统计年鉴》、中经网数据库和各地区统计年鉴的相关数据整理所得。

图 4-4 显示了 1993—2014 年中国三大地区实际利用 FDI 占全国比重的变迁。从图 4-4 来看，1993—2014 年中国实际利用 FDI 总体上形成了由沿海到内陆、沿边地区的梯度推进格局。1993—2014 年中国沿海、内陆和沿边地区 FDI 占全国比重的均值分别为 77.59%、15.73% 和 6.68%。其中，2014 年沿海、内陆和沿边地区 FDI 占全国的比重分别为 62.35%、29.10% 和 8.55%。由此可见，在中国各地区对外开放顺序和投资环境等因素的影响下，中国实际利用 FDI 具有较大的区域异质性。同时，由于

沿海地区具有优良的地理区位、完善的基础设施以及先行对外开放的体制优势，因而该地区吸收了 FDI 的绝大部分，而内陆和沿边地区吸收的 FDI 所占的比例较小。从发展趋势来看，1993—2014 年沿海地区 FDI 占全国的比重从 79.38% 波动下滑至 62.35%，内陆地区则从 10.86% 波动上升至 29.10%，而沿边地区一直处于低位，变化幅度较小。同时，在整个考察期内，沿海地区 FDI 占全国的比重一直高于内陆和沿边地区，但差距在逐渐缩小。

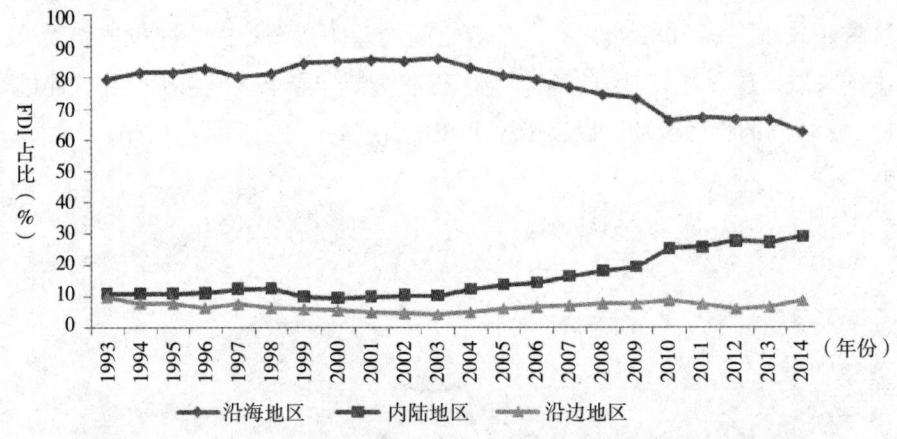

图 4-4　1993—2014 年中国三大地区实际利用 FDI 占全国比重的变迁

资料来源：笔者根据历年《中国统计年鉴》、中经网数据库和各地区统计年鉴的相关数据整理所得。

图 4-5 则显示了 1993—2014 年中国三大地区实际利用 FDI 占 GDP 比重的基本走势。由图 4-5 可知，中国沿海地区 FDI 占 GDP 的比重从 1993 年的 6.36% 波动下降至 2014 年的 3.20%，沿边地区则从 1993 年的 4.49% 波动下滑至 2014 年的 1.66%，这说明在经济快速增长过程中，沿海和沿边地区外资经济的地位趋于弱化。而 1993—2014 年内陆地区从 1.46% 波动上升至 1.73%，但波动幅度较小，表明内陆地区外资经济的地位存在略微的上升态势。同时，随着时间的推移，中国三大地区 FDI 占 GDP 比重存在趋同的趋势。

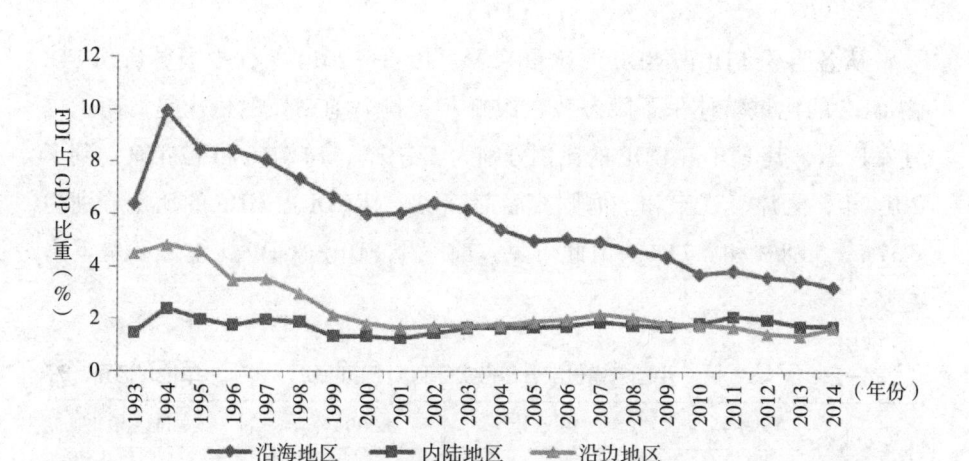

图 4-5　1993—2014 年中国三大地区实际利用 FDI 占 GDP 比重的基本走势

资料来源：笔者根据历年《中国统计年鉴》、中经网数据库和各地区统计年鉴的相关数据整理所得。

2. 中国利用 FDI 的省际分布特征

表 4-2 显示了中国各省份部分年份实际利用 FDI 的基本情况。观察表 4-2 可知，随着时间的推移，中国各省份实际利用 FDI 都呈较快增长趋势，但省际差异明显。1993 年，广东实际利用 FDI 为 432.04 亿元，占全国的份额为 27.87%，位居第一，其次为江苏和福建，其 FDI 占全国的比重分别为 11.16% 和 10.66%，这三个省份的 FDI 之和占全国的比例高达49.69%。1999 年，中国实际利用 FDI 排名前三甲的省份依然是广东、江苏和福建，但相较 1993 年而言，其 FDI 占全国比重略有变化，广东和福建 FDI 占全国的份额有所降低，而江苏存在较大的提升。到 2008 年，江苏超越了广东排名第一，广东退居第二位，辽宁则后来居上，排名第三，其 FDI 占全国的比重达到了 8.00%，但前三甲 FDI 综合占全国的比例下降为 37.48%。到 2014 年，排名前三位的省份未发生变化，但辽宁超越了广东排名第二位，其 FDI 占全国的比重分别为 10.48%、10.20% 和 9.99%，三者之间的差距不大。同时，前三甲 FDI 之和占全国的份额继续下滑至30.67%。从整体来看，沿海地区省份排名整体靠前，而甘肃、贵州、宁夏、青海和新疆等内陆和沿边地区的省份排名靠后。不难理解，这些地区大多位于中国较为落后的少数民族偏远地区，其恶劣的自然条件和薄弱的经济基础难以吸引 FDI。

从各省份 FDI 占 GDP 的比重来看，1993—2014 年，中国各省份 FDI 占 GDP 的比重整体呈下降态势。1993 年，排名前三位的依次是海南、福建和广东，其 FDI 占 GDP 的比例分别为 23.19%、14.83% 和 12.45%。到了 2014 年，天津、辽宁和上海则排名前三甲，其 FDI 占 GDP 的比例分别为 7.37%、5.88% 和 4.73%。由此可见，前三甲 FDI 占 GDP 比重之和呈下降趋势。

表 4-2 中国各省份部分年份实际利用 FDI 概况 单位：亿元、%

省份	1993年 绝对数额	1993年 全国份额	1993年 占GDP比重	1999年 绝对数额	1999年 全国份额	1999年 占GDP比重	2008年 绝对数额	2008年 全国份额	2008年 占GDP比重	2014年 绝对数额	2014年 全国份额	2014年 占GDP比重
北京	38.43	2.48	4.34	184.61	4.96	6.89	422.38	4.05	4.03	555.31	3.36	2.60
天津	31.18	2.01	5.79	209.61	5.63	13.97	515.31	4.94	8.11	1158.96	7.02	7.37
河北	20.59	1.33	1.22	119.44	3.21	2.65	237.43	2.28	1.47	430.61	2.61	1.46
辽宁	70.72	4.56	3.52	170.84	4.59	4.10	834.75	8.00	6.20	1684.36	10.20	5.88
上海	133.54	8.62	8.79	252.30	6.78	6.02	700.34	6.71	5.11	1115.90	6.76	4.73
江苏	172.97	11.16	5.77	529.74	14.23	6.88	1744.61	16.72	5.76	1730.43	10.48	2.66
浙江	59.50	3.84	3.09	126.87	3.41	2.33	699.58	6.71	3.26	601.99	3.64	1.50
福建	165.22	10.66	14.83	333.12	8.95	9.76	696.29	6.67	6.43	437.06	2.65	1.82
山东	106.20	6.85	3.83	204.37	5.49	2.73	569.67	5.46	1.83	933.71	5.65	1.57
广东	432.04	27.87	12.45	1010.20	27.14	10.92	1331.17	12.76	3.73	1650.63	9.99	2.43
沿海	1230.40	79.38	63.62	3141.10	84.40	66.24	7751.53	74.30	45.92	10298.96	62.35	32.03
山西	4.06	0.26	0.60	32.39	0.87	1.94	71.04	0.68	1.01	181.21	1.10	1.42
安徽	14.86	0.96	1.43	29.91	0.80	1.10	242.38	2.32	2.73	758.02	4.59	3.64
江西	11.99	0.77	1.66	26.56	0.71	1.43	250.28	2.40	3.86	519.13	3.14	3.30
河南	19.70	1.27	1.19	41.00	1.10	0.91	280.07	2.68	1.52	916.94	5.55	2.62
湖北	34.90	2.25	2.63	75.74	2.04	2.35	225.36	2.16	1.99	487.00	2.95	1.78
湖南	24.93	1.61	2.00	54.13	1.45	1.68	278.16	2.67	2.49	630.87	3.82	2.33
重庆	14.93	0.96	2.70	19.78	0.53	1.33	189.54	1.82	3.72	260.02	1.57	1.82
四川	21.60	1.39	1.45	37.57	1.01	1.03	214.49	2.06	1.72	654.21	3.96	2.29
贵州	2.84	0.18	0.68	16.17	0.43	1.72	10.35	0.10	0.31	126.85	0.77	1.37

·续表·

省份	1993年 绝对数额	全国份额	占GDP比重	1999年 绝对数额	全国份额	占GDP比重	2008年 绝对数额	全国份额	占GDP比重	2014年 绝对数额	全国份额	占GDP比重
陕西	13.50	0.87	1.99	20.03	0.54	1.26	95.12	0.91	1.39	256.52	1.55	1.45
甘肃	3.00	0.19	0.81	3.40	0.09	0.36	8.92	0.09	0.28	6.14	0.04	0.09
青海	0.52	0.03	0.47	2.21	0.06	0.92	15.28	0.15	1.59	3.07	0.02	0.13
宁夏	1.46	0.09	1.40	3.35	0.09	1.26	4.33	0.04	0.39	5.65	0.03	0.21
内陆	168.29	10.86	19.01	362.22	9.73	17.30	1885.31	18.07	23.00	4805.64	29.10	22.46
内蒙古	4.66	0.30	0.87	7.82	0.21	0.57	184.10	1.76	2.37	244.48	1.48	1.38
吉林	13.70	0.88	1.91	34.83	0.94	2.07	208.91	2.00	3.25	470.11	2.85	3.41
黑龙江	13.04	0.84	1.09	67.80	1.82	2.37	176.92	1.70	2.13	316.97	1.92	2.11
广西	50.25	3.24	5.76	52.76	1.42	2.68	67.45	0.65	0.94	61.49	0.37	0.39
海南	60.38	3.90	23.19	40.11	1.08	8.41	89.13	0.85	6.11	117.94	0.71	3.37
云南	5.59	0.36	0.71	12.74	0.34	0.67	53.96	0.52	0.95	166.22	1.01	1.30
西藏	0.67	0.04	1.80	0.16	0.00	0.15	1.61	0.02	0.41	9.58	0.06	1.04
新疆	3.05	0.20	0.62	2.00	0.05	0.17	13.20	0.13	0.31	25.62	0.16	0.28
沿边	151.34	9.76	35.94	218.22	5.86	17.09	795.28	7.62	16.47	1412.41	8.55	13.26

资料来源：根据历年《中国统计年鉴》、中经网数据库和各地区统计年鉴相关数据，笔者计算并整理。

（三）来源地分布

表4-3反映了1998—2015年中国实际利用FDI来源地分布占比情况。观察表4-3可知，自1998年以来，中国引进的FDI主要来自亚洲、拉丁美洲、欧洲和北美洲，其中亚洲占比最高。1998—2015年，中国实际利用来自亚洲的FDI从313亿美元增长至1263亿美元，其FDI占比由69%波动上升至82%。在2008年之前，中国实际利用来自亚洲的FDI占比存在下滑态势，而2008年之后呈上升趋势，尤其是2013年之后，来自亚洲的FDI占比更是高达80%以上。除2005—2007年3年占比略低于60%之外，其余年份都超过了60%。同时，考察期内来自欧美发达国家（地区）的FDI占比有所下降。

表 4-3　　1998—2015 年中国实际利用 FDI 来源地分布占比情况

年份	亚洲	非洲	欧洲	拉丁美洲	北美洲	大洋洲	其他
1998	0.69	0.00	0.09	0.10	0.10	0.01	0.01
1999	0.67	0.00	0.12	0.08	0.11	0.01	0.00
2000	0.63	0.01	0.12	0.11	0.12	0.02	0.00
2001	0.63	0.01	0.10	0.13	0.11	0.02	0.00
2002	0.62	0.01	0.08	0.14	0.12	0.03	0.00
2003	0.64	0.01	0.08	0.13	0.10	0.03	0.01
2004	0.62	0.01	0.08	0.15	0.08	0.03	0.02
2005	0.59	0.02	0.09	0.19	0.06	0.03	0.01
2006	0.56	0.02	0.09	0.22	0.06	0.04	0.01
2007	0.56	0.02	0.06	0.27	0.05	0.04	0.01
2008	0.61	0.02	0.06	0.23	0.04	0.03	0.01
2009	0.67	0.01	0.06	0.16	0.04	0.03	0.02
2010	0.73	0.01	0.06	0.13	0.04	0.02	0.01
2011	0.77	0.01	0.05	0.11	0.03	0.02	0.00
2012	0.78	0.01	0.09	0.07	0.03	0.02	0.01
2013	0.81	0.01	0.06	0.07	0.03	0.02	0.00
2014	0.83	0.01	0.06	0.06	0.03	0.02	0.00
2015	0.82	0.01	0.06	0.07	0.02	0.02	0.00

资料来源：笔者根据历年《中国统计年鉴》相关数据计算并整理。

从具体来源国家（地区）来看（见图 4-6），2016 年中国实际利用 FDI 排名前十位的来源地依次为中国香港、新加坡、韩国、美国、中国台湾、中国澳门、日本、德国、英国和卢森堡，且这十个来源地的 FDI 占比高达 94.02%。其中，由于中国香港具有特殊的国际化背景和得天独厚的区位优势等因素，大部分 FDI 通过其转向中国大陆，且中国引进来自中国香港的 FDI 也一直处于稳定增长态势，其 FDI 占比从 1998 年的 40.70% 提升至 2016 年的 69.19%。来自新加坡的 FDI 占比一直在 3%—7% 波动，2016 年其 FDI 占比为 4.91%，排名第二。由于特殊的历史缘由，中国台湾对大陆的 FDI 一直低于中国香港，2004 年之前，来自中国台湾的 FDI 占比低于 8%，近几年该比重更是下滑至 2% 左右，2016 年该比重仅为 2.87%。

1998—2016年，来源于日本的FDI占比从7.50%下降至2.47%。来自美国的FDI占比也大致呈下滑态势，该比例从1998年的8.60%下滑至2016年的3.04%。

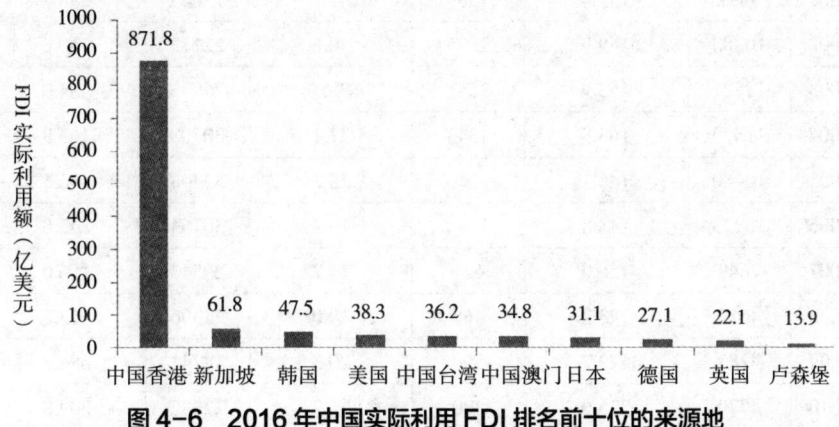

图4-6　2016年中国实际利用FDI排名前十位的来源地

资料来源：笔者根据中国投资指南网站相关数据整理所得。

（四）投资方式

从投资方式来看，FDI进入中国伊始，只有国有经济和外资企业合作这一合资经营方式。随着中国资本市场的发展和投资环境的改善，中国利用FDI先后出现了中外合作经营和外商独资经营这两种模式，这也丰富了中国利用FDI的方式，并使其更具灵活性。20世纪90年代以后，中国诞生了股份制公司，随即又出现了外商投资股份制企业和合资企业。迄今为止，中国引进FDI的方式越来越多元化，并形成了以合资经营、合作经营、外商独资以及外商投资股份制为主的FDI来源结构，详见表4-4和图4-7。综合表4-4和图4-7来看，在这几种FDI主要投资方式中，外商独资方式占主导地位，2016年该方式的FDI占比高达68%，且2001—2016年其整体呈增长态势；中外合资经营方式一直占据着重要的地位，2016年中外合资经营方式的FDI占比为24%，居第二位，2001—2016年其呈上升趋势；而考察期内中外合作经营方式呈逐年下降趋势，2016年其FDI占比仅为1%。

表 4-4　　2001—2016 年中国实际利用 FDI 的主要方式

年份	中外合资 项目个数（个）	中外合资 实际利用金额（亿美元）	中外合作 项目个数（个）	中外合作 实际利用金额（亿美元）	外商独资 项目个数（个）	外商独资 实际利用金额（亿美元）
2001	8891	157.4	1589	62.1	15643	238.7
2002	10380	149.9	1595	50.6	22173	150.0
2003	12521	153.9	1547	38.4	26943	154.0
2004	11570	163.8	1343	31.1	30708	163.9
2005	10480	146.1	1166	18.3	32308	146.1
2006	10223	143.8	1036	19.4	30164	143.8
2007	7649	156.0	641	14.2	29543	156.0
2008	4612	173.2	468	19.0	22396	723.2
2009	4283	172.7	390	20.3	18741	686.8
2010	4970	225.0	300	16.2	22085	809.8
2011	5005	214.2	284	17.6	22388	912.1
2012	4355	217.1	166	23.1	20352	861.3
2013	4476	237.7	142	19.4	18125	895.9
2014	4824	210.0	104	16.3	18809	947.4
2015	5989	258.9	110	18.5	20398	952.9
2016	6662	302.0	126	8.3	21024	861.3

资料来源：笔者根据历年《中国统计年鉴》和中国投资指南网站的相关数据整理所得。

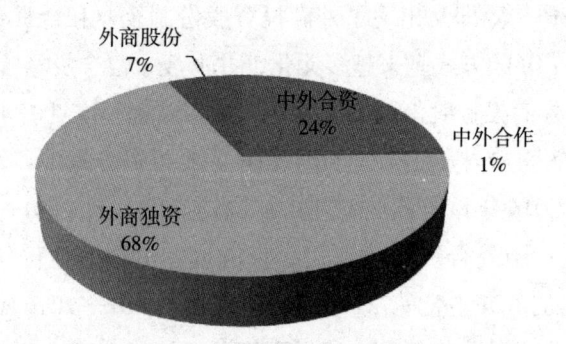

图 4-7　2016 年中国实际利用 FDI 的主要方式

外商股份 7%
中外合资 24%
中外合作 1%
外商独资 68%

资料来源：笔者根据表 4-4 分析整理所得。

（五）产业分布

表 4-5 和图 4-8 显示了中国 FDI 的产业分布状况。综合观察表 4-5 和

图 4-8 可知，考察期内中国实际利用 FDI 主要投向了第二、第三产业，其平均占比分别为 53.87% 和 44.67%，二者综合占比高达 98.54%，这与中国的经济结构是紧密相关的。从发展趋势来看，2004—2015 年，流向中国第二产业的 FDI 占比从 74.98% 逐年下滑至 34.53%。其中，2010 年之前，第二产业实际利用 FDI 的金额占绝对优势。流向第三产业的 FDI 占比则从 2004 年的 23.18% 逐年递增到 2015 年的 64.26%，并在 2011 年一举超越了第二产业。而流入第一产业的 FDI 占比不足 2%，且一直在（0.95%，1.85%）这个区间波动。综上所述，当前中国实际利用 FDI 的产业架构以第二、第三产业为主，进入中国第三产业的 FDI 发展迅猛，并逐渐占据主导地位。

表 4-5　　2004—2015 年中国实际利用 FDI 金额和占比　　单位：亿美元、%

年份	第一产业 绝对额	第一产业 占比	第二产业 绝对额	第二产业 占比	第三产业 绝对额	第三产业 占比	总计 绝对额
2004	11.14	1.84	454.63	74.98	140.53	23.18	606.30
2005	7.18	1.19	446.92	74.09	149.15	24.72	603.25
2006	5.99	0.95	425.07	67.45	199.15	31.60	630.21
2007	9.24	1.24	428.61	57.33	309.83	41.44	747.68
2008	11.91	1.29	532.56	57.64	379.48	41.07	923.95
2009	14.29	1.59	500.76	55.62	385.28	42.79	900.33
2010	19.12	1.81	538.60	50.94	499.63	47.25	1057.35
2011	20.09	1.73	557.49	48.05	582.53	50.21	1160.11
2012	20.62	1.85	524.58	46.96	571.96	51.20	1117.16
2013	18.00	1.53	495.69	42.16	662.17	56.31	1175.86
2014	15.22	1.27	439.43	36.75	740.97	61.97	1195.62
2015	15.34	1.21	435.95	34.53	811.38	64.26	1262.67

资料来源：笔者根据历年《中国统计年鉴》相关数据计算并整理。

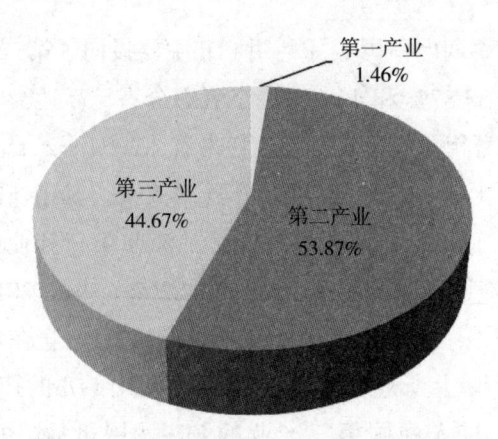

图 4-8　中国实际利用 FDI 的三次产业比重

资料来源：笔者根据表 4-5 分析整理所得。

从表 4-6 中 FDI 进入的具体行业来看，截至 2016 年，中国实际利用 FDI 的行业前三位依次是制造业、房地产业、租赁和商务服务业，其占比依次为 28.3%、15.5% 和 12.9%，三者综合占比高达 56.7%，而农、林、牧、渔业仅为 1.5%。可见，中国实际利用 FDI 的行业分布不均衡，且主要集中在制造业领域。从发展趋势来看，流入制造业的 FDI 实际利用额比上年减少了 6.1%，信息传输、计算机服务和软件业的 FDI 实际利用额比上年增长了 128.0%，租赁和商务服务业的 FDI 实际利用额比上年增长了 67.8%，这在一定程度上说明中国 FDI 的进入结构在不断优化调整，以制造业为代表的第二产业的 FDI 比重在逐渐降低，而以信息传输、计算机服务和软件业为代表的第三产业的 FDI 比重在逐步上升。

表 4-6　2016 年中国实际利用 FDI 的主要行业分布

行业	企业数（家）	比上年增长（%）	实际利用额（亿元）	比上年增长（%）	占比（%）
总计	27900	5.0	8132.2	4.1	100.0
农、林、牧、渔业	558	−8.4	123.2	30.0	1.5
制造业	4013	−11.0	2303.0	−6.1	28.3
电力、燃气、水生产和供应业	311	18.0	139.8	0.3	1.7
交通运输、仓储和邮政业	425	−5.4	329.2	26.7	4.0
信息传输、计算机服务和软件业	1463	11.6	540.4	128.0	6.6
批发和零售业	9399	2.7	1011.1	36.0	12.4

· 续表 ·

行业	企业数（家）	比上年增长（%）	实际利用额（亿元）	比上年增长（%）	占比（%）
房地产业	378	-2.3	1264.4	-29.4	15.5
租赁和商务服务业	4631	3.7	1045.9	67.8	12.9
居民服务和其他服务业	245	13.0	33.0	-25.8	0.4

资料来源：笔者根据《中国2016年国民经济和社会发展统计公报》相关数据计算并整理。

第二节　中国 GTFP 的测算与分析

一　绿色全要素生产率的测算方法

总览现有文献，考虑环境因素的效率和生产率研究始于 Pittman（1983）利用改进的超对数生产率指数对威斯康星州造纸厂的效率测度。此后，国内外涌现了大量测算绿色（或环境）全要素生产率的理论和应用研究文献，其测算方法可归为四大类：代数指数法（Repetto et al., 1996）、索洛余值法（Qi, 2005）、随机前沿生产函数法（李胜文等，2010）和数据包络分析法（Chung et al., 1997）。由于数据包络分析法（DEA）具有不需要假定函数形式、不受量纲限制以及可对生产率进行分解等优势，目前多数文献使用径向（Radial）、角度（Oriented）DEA 来计算方向性距离函数。然而，当存在投入过度或产出不足（非零松弛）时，径向 DEA 可能会高估评价对象的效率；角度的 DEA 效率测算由于忽略了投入或产出的某一方面，也容易导致测算结果存在一定偏差。同时，现有文献常用 ML 指数来测算绿色全要素生产率，但该指数不具有传递性或循环性，且在测算跨期方向性距离函数时可能面临潜在的线性规划无解的难题。因此，为了弥补上述缺陷，本书采用考虑非合意产出和松弛问题的非径向、非角度 SBM 模型，并结合 DEA-GML 指数，重新测算 2003—2014 年中国省际绿色全要素生产率。其具体测算方法如下：

（一）全域生产可能性集合

科学测算中国绿色全要素生产率首先需要构造一个包含合意和非合意

产出的全域生产可能性集合。本书借鉴 Fare 等（2007）的思想，假设每个省份为一个生产决策单元（DUM），每个 DUM 使用 u 种要素投入 $x=(x_1, x_2, \cdots, x_u) \in R_u^+$，得到 m 种合意产出 $y=(y_1, y_2, \cdots, y_m) \in R_m^+$ 和 n 种非合意产出 $z=(z_1, z_2, \cdots, z_n) \in R_n^+$。同时，假定每个地区 $i=1, 2, \cdots, I$，且每个时期为 $t=1, 2, \cdots, T$，则 i 省份 t 时期的投入和产出值为 (x^{it}, y^{it}, z^{it})。进一步假设生产可能性集合满足闭集和有界集、投入与合意产出的自由可处置性、零结合性以及产出联合弱可处置性等条件，利用 DEA 方法，可将当期生产可能性集合模型化为：

$$P^t(x^t) = \Big\{ (y^t, z^t): \sum_{i=1}^{I} \lambda_i^t y_{im}^t \geq y_{im}^t, \forall m;$$
$$\sum_{i=1}^{I} \lambda_i^t z_{in}^t = z_{in}^t, \forall n; \sum_{i=1}^{I} \lambda_i^t x_{iu}^t \leq x_{iu}^t, \forall u; \quad (4.1)$$
$$\sum_{i=1}^{I} \lambda_i^t = 1, \lambda_i^t > 0, \forall i \Big\}$$

式（4.1）中，λ_i^t 表示每个横截面观察值的权重；如果约束条件为 $\lambda_i^t \geq 0$ 且 $\sum_{i=1}^{I} \lambda_i^t = 1$，则表示生产技术为规模报酬可变（Variable Returns to Scale, VRS），如果约束条件为 $\lambda_i^t \geq 0$，则表示规模报酬不变（Constant Returns to Scale, CRS）。然而，考虑到当期生产可能性集合难以构造具有传递性生产率指数。因此，本书借鉴 Oh（2010）的思想，将当期生产可能性集合 $P^t(x^t)$ 扩展为全域生产可能性集合 $P^G(x)$，即 $P^G(x)=P^1(x^1) \cup P^2(x^2) \cup \cdots \cup P^T(x^T)$，继续采用 DEA 方法，将全域生产可能性集合模型化为：

$$P^G(x) = \Big\{ (y^t, z^t): \sum_{t=1}^{T} \sum_{i=1}^{I} \lambda_i^t y_{im}^t \geq y_{im}^t, \forall m;$$
$$\sum_{t=1}^{T} \sum_{i=1}^{I} \lambda_i^t z_{in}^t = z_{in}^t, \forall n; \sum_{t=1}^{T} \sum_{i=1}^{I} \lambda_i^t x_{iu}^t \leq x_{iu}^t, \forall u; \quad (4.2)$$
$$\sum_{i=1}^{I} \lambda_i^t = 1, \lambda_i^t > 0, \forall i \Big\}$$

（二）全域 SBM 方向性距离函数

Tone（2001，2003）提出的非径向、非角度 SBM 方向性距离函数综合考虑了投入、产出和环境污染之间的关系，且有效克服了效率评价中的松弛问题，并被国内外学者广泛应用。Fukuyama 和 Weber（2009）则在该模型的基础上发展了更为一般化的非径向、非角度 SBM 方向性距离函数。于是本书参考 Fukuyama 和 Weber（2009）的方法，将全域 SBM 方向性距离函数定义为：

$$S_V^G(x^{i,t'}, y^{i,t'}, z^{i,t'}, g^x, g^y, g^z) = \max_{S^x, S^y, S^z} \left[\frac{1}{U} \sum_{u=1}^{U} \frac{S_u^x}{g_u^x} + \frac{1}{M+1} \left(\sum_{m=1}^{M} \frac{S_m^y}{g_m^y} + \sum_{n=1}^{N} \frac{S_n^z}{g_n^z} \right) \right] / 2$$

(4.3)

$$s.t. \sum_{t=1}^{T} \sum_{i=1}^{I} \lambda_i^t x_{iu}^t + s_u^x = x_{i'u}^t, \forall u;$$

$$\sum_{t=1}^{T} \sum_{i=1}^{I} \lambda_i^t y_{im}^t - s_m^x = y_{i'm}^t, \forall m;$$

$$\sum_{t=1}^{T} \sum_{i=1}^{I} \lambda_i^t z_{in}^t + s_n^z = z_{i'm}^t, \forall n$$

$$\sum_{i=1}^{I} \lambda_i^t = 1, \lambda_i^t \geq 0, \forall i; s_u^x \geq 0, \forall u$$

$$s_m^y \geq 0, \forall m; s_n^z \geq 0, \forall n$$

式（4.3）中，S_V^G 表示 VRS 下的方向性距离函数，CRS 条件下的方向性距离函数则用 S_C^G 表示；$(x^{i,t'}, y^{i,t'}, z^{i,t'})$ 表示 i 省份 t 期投入、合意产出以及非合意产出的投入产出向量，(g^x, g^y, g^z) 表示投入减少、合意产出增加以及非合意产出减少的方向向量，(S^x, S^y, S^z) 为松弛向量，表示投入过度使用、合意产出不足和非合意产出过多的量（原毅军、谢荣辉，2015）。

（三）Global Malmquist-Luenberger 指数

鉴于传统 ML 指数难以观察生产效率的长期变动，以及混合方向性距离函数可能带来线性规划无可行解问题，如图 4-9 中的 W 点。而 Oh（2010）提出的 Global Malmquist-Luenberger（GML）指数可以有效弥补传统 ML 指数的局限和规避生产前沿面向内偏移的可能性，即"技术倒退"现象。因此，本书借鉴 Oh（2010）、颜洪平（2016）的做法，基于全域 SBM 方向性距离函数，构建 GML 指数来测算中国绿色全要素生产率。

$$GML_t^{t+1} = \frac{1 + S_V^G(x^t, y^t, z^t; g)}{1 + S_V^G(x^{t+1}, y^{t+1}, z^{t+1}; g)}$$

(4.4)

式（4.4）中，GML_t^{t+1} 指数大于 1 表示中国绿色全要素生产率增长，GML_t^{t+1} 指数小于 1 表示中国绿色全要素生产率下滑，GML_t^{t+1} 指数等于 1 表示中国绿色全要素生产率不变。GML_t^{t+1} 指数可进一步分解为全域绿色技术效率指数（GEC_t^{t+1}）和全域绿色技术进步指数（GTC_t^{t+1}），其具体表达式为：

$$GML_t^{t+1} = GEC_t^{t+1} + GTC_t^{t+1}$$

(4.5)

$$GEC_t^{t+1} = \frac{1+S_V^t(x^t,y^t,z^t;g)}{1+S_V^{t+1}(x^{t+1},y^{t+1},z^{t+1};g)} \quad (4.6)$$

$$GTC_t^{t+1} = \frac{\left[1+S_V^G(x^t,y^t,z^t;g)\right]/\left[1+S_V^t(x^t,y^t,z^t;g)\right]}{\left[1+S_V^G(x^{t+1},y^{t+1},z^{t+1};g)\right]/\left[1+S_V^{t+1}(x^{t+1},y^{t+1},z^{t+1};g)\right]} \quad (4.7)$$

式中，GEC_t^{t+1} 指数和 GTC_t^{t+1} 指数大于1（小于1）分别表示从 t 到 $t+1$ 期中国绿色技术效率提升（下降）、绿色技术进步（退步）。

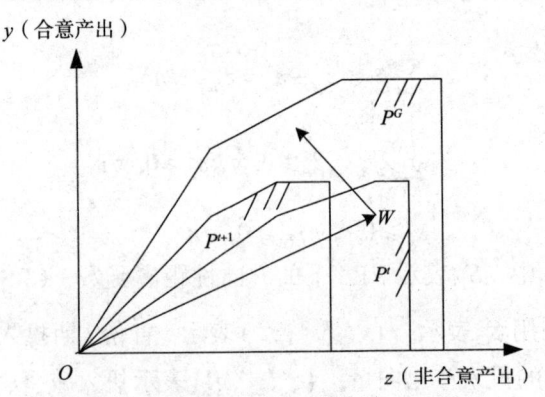

图4-9 全域方向性距离函数及生产边界

资料来源：参考张林等（2015）的做法，笔者改绘。

二 绿色全要素生产率的测算指标

（一）产出指标

产出指标包括合意和非合意产出指标。借鉴文献通用做法，采用地区实际GDP来衡量合意产出。现有文献对非合意产出的衡量标准主要有二氧化碳（CO_2）排放量（匡远凤和彭代彦，2012）和工业"三废"排放量（王兵等，2010）。由于二氧化碳排放量没有直接地统计数据来源，部分学者主要参考政府间气候变化专门委员会（IPCC）的方法测算碳排放量。然而，不同学者对碳排放源和碳排放系数的选择存在较大的差异，这也降低了碳排放估算结果的可信度。同时，考虑到目前中国环境污染主要源自工业领域（王洪庆，2015），且工业"三废"排放量有权威的数据来源。因此，本书甄选工业废水排放量、工业废气排放量、工业二氧化硫排放量、工业烟尘排放量和工业固体废弃物产生量五类具有代表性的污染指标，并参考许和连和邓玉萍（2012）的做法，采用改进熵值法拟合环境污染综合指数，以较为全面、客观地反映地区环境污染水平，并以此表征非合意产出。

环境污染综合指数计算步骤如下：首先假定有 m 个地区，n 个评价指标，则 A_{ij} 表示 i 地区的第 j 个指标值，随后步骤如下：

第一步，原始数据标准化处理：

$$B_{ij} = \frac{A_{ij} - \min\{A_{ij}\}}{\max\{A_{ij}\} - \min\{A_{ij}\}} \quad (i=1,2,\cdots,m; j=1,2,\cdots,n) \tag{4.8}$$

第二步，坐标平移标准化数据：

$$C_{ij} = 1 + B_{ij} \tag{4.9}$$

第三步，比重变换平移后的数据：

$$D_{ij} = C_{ij} / \sum_{i=1}^{m} C_{ij} \tag{4.10}$$

第四步，计算指标熵值：

$$E_j = -(\ln m)^{-1} \sum_{i=1}^{m} D_{ij} \ln D_{ij} \tag{4.11}$$

第五步，计算差异性系数：

$$F_j = 1 - E_j \tag{4.12}$$

第六步，计算指标权重：

$$W_j = F_j / \sum_{j=1}^{n} F_j \tag{4.13}$$

第七步，计算环境污染综合指数：

$$P_i = \sum_{j=1}^{n} W_j D_{ij} \tag{4.14}$$

式（4.14）中，P_i 表示 i 地区的环境污染综合指数。该指数越大，表示该地区环境污染水平越高，即非合意产出水平越高。

（二）投入指标

1. 资本投入

本书采用永续盘存法对物质资本存量进行估算，并以此表征资本投入，具体估算公式如下：$K_{it}=(1-\eta)K_{i,t-1}+k_{it}$，式中，$K_{it}$ 表示 i 地区第 t 年的物质资本存量，k_{it} 表示 i 地区第 t 年的物质资本流量，且以实际固定资产投资代替，η 为 9.6% 的经济折旧率（张军等，2004）。基期物质资本存量的公式为：$K_{i0}=k_{i0}/(h+\eta)$，其中，k_{i0} 表示 i 地区基期的物质资本存量，h 表示样本期内物质资本存量的平均增长率。

2. 劳动投入

对于劳动力的衡量标准，劳动时间可能是比劳动力人数更好的测度指标，但考虑到在中国难以获取这方面的数据，于是本书沿用文献通用做法，以各地区历年从业人员数作为劳动投入的代理指标。

3. 能源投入

能源因素对一国（地区）经济成长的表现至关重要，但关于能源因素作为产出还是投入指标，具有一定弹性。部分研究将其作为非期望产出纳入 TFP 测算框架（Watanabe and Tanaka，2007），而主流文献认为把能源消耗视为新的投入要素引入生产函数更为合理。因为能源不但可以被视作生产过程的中间投入品，并以其市场价格构成最终产品的部分价值，还与资本、劳动等传统投入要素一样，能够在生产过程中发挥一定价值创造的功能。因此，本书将能源消耗作为投入要素引入测算体系，并采用各地区能源消耗总量来衡量。

（三）数据说明

考虑到 2003 年以来大量外商直接投资的涌入对中国生态环境和经济增长产生了较为深远的影响，且 2015 年部分数据不齐，因此，本部分的样本区间为 2003—2014 年。同时，由于西藏的相关数据缺失严重，本部分未将其纳入样本，样本共涉及中国 30 个省域。GDP、劳动和资本投入的原始数据主要来自历年《中国统计年鉴》，环境污染综合指数的原始数据来自《中国环境年鉴》和《中国环境统计年鉴》，能源投入的原始数据来自《中国能源统计年鉴》。同时，考虑到数据的可比性，本书以 2003 年为基期，对涉及货币计量的投入产出指标进行 GDP 平减调整。投入产出指标的描述性统计如表 4-7 所示。

表 4-7 投入产出指标的描述性统计

	指标	均值	标准差	最小值	最大值
产出指标	实际 GDP（亿元）	9705.2682	8903.2459	390.1992	51628.9715
	环境污染综合指数	0.0333	0.0052	0.0247	0.0470
投入指标	资本存量（亿元）	21295.0270	21300.5764	742.2973	130254.6479
	劳动投入（万人）	2523.4094	1682.2749	291.4000	6606.5000
	能源消耗（万吨标准煤）	11420.4773	7619.4165	684.0000	38899.0000

资料来源：笔者根据投入产出指标的原始数据计算并整理。

（四）指标有效性检验

除此之外，还需检验投入产出指标数量和样本数量之间的有效性（Cooper et al., 2007），即满足 $M \geq \max\{I \times N, 3 \times (I+N)\}$，其中 M 为决策单元数，I 为投入指标个数，N 为产出指标个数。本书中，30>max{3×2,3×(3+2)}=15，故本书选择的投入产出指标数量和样本数量具有一定合理性。

三 绿色全要素生产率的结果分析

根据上文测算模型和指标选择，本书利用 Max DEA Pro 6.4 软件测算了 2003—2014 年中国 30 个省域的绿色全要素生产率。接下来，本书将从时间和地区维度对其进行分析。

（一）中国绿色全要素生产率的总体变化趋势

考虑到绿色 GML 指数是根据相对效率计算出来的，因而对中国绿色全要素生产率（GTFP）的分析是一种动态分析过程。图 4-10 显示了 2003—2014 年中国绿色 GML 指数的变动趋势。2003—2014 年中国绿色 GML 指数的几何均值为 0.9908，增长率为 -0.92%。这在一定程度上说明样本期内中国绿色全要素生产率整体呈下降状态，但它具有明显的阶段性特征。2003—2009 年绿色 GML 指数小于 1，并逐渐接近 1，表明这一时期中国绿色全要素生产率呈下滑态势，但下滑幅度逐步缩小。不难理解，进入 21 世纪以来，中国逐步跨入工业化中期的后半阶段，重化工业加速发展，电力、钢铁、机械、汽车、船舶和化工等重工业成为中国经济高速增长的主要动力。然而，这种以高投资、高能耗和高污染为特征的粗放型工业增长模式导致了绿色全要素生产率下降（李斌等，2013；Yang et al., 2016），但期间节能减排工作的推进在一定程度上抑制了绿色全要素生产率的下滑速度。随着 2008 年国际金融危机爆发，中国启动了"四万亿刺激计划"，大量重工业项目重新上马，工业再次急剧重型化，工业增长对资本、劳动和资源等投入的依赖性呈现强化迹象，中国绿色全要素生产率也大幅下滑。2009—2014 年绿色 GML 指数大于 1（2011—2012 年除外），表明该阶段中国绿色全要素生产率整体呈上升态势。这可能是由于当前中国正处于经济转型期，产业结构升级和资源价格市场化改革等政策助推了绿色全要素生产率增长（胡建辉等，2016）。

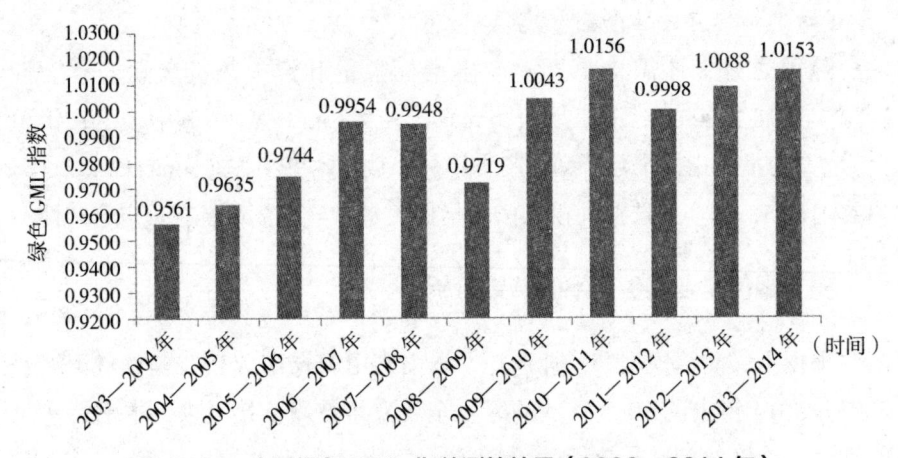

图4-10 中国绿色GML指数测算结果（2003—2014年）

资料来源：笔者根据测算结果整理所得。

进一步地，将中国绿色GML指数分解为绿色技术效率指数和绿色技术进步指数，其具体分解结果如表4-8和图4-11所示。由表4-8可知，2003—2014年平均绿色技术进步指数为1.0035，增长率为0.35%，绿色技术效率指数为0.9873，增长率为-1.27%，二者综合作用导致绿色GML指数下降0.92%（-0.92=0.35-1.27），这表明样本期内绿色技术进步具有一定增长效应，而绿色技术效率呈现倒退现象，拖了"后腿"。这也恰好反映了绿色技术效率的退步是中国省际绿色全要素生产率下滑的主要动因。同时，从图4-11来看，2003—2014年中国绿色技术效率指数和绿色技术进步指数的变化趋势存在显著的阶段性特征。2003—2007年，中国绿色技术进步指数呈一定上升态势，绿色技术效率指数呈大幅下降趋势，从而综合导致这一时期中国绿色全要素生产率呈下滑态势（绿色GML指数小于1），但下降幅度逐渐缩小。随后受2008年国际金融危机的影响，中国绿色技术效率指数和绿色技术进步指数均呈大幅下滑趋势。2010年之后，中国绿色技术进步指数均大于1，并逐步上升。尽管绿色技术效率指数依然小于1，呈略微的下滑趋势，但绿色技术进步指数上升的幅度大于绿色技术效率指数下降的幅度，这也促使该时期中国绿色GML指数大于1，即绿色全要素生产率整体呈上升趋势。因此，在中国经济新常态背景下，保持技术创新和技术引进的同时，也要注重现有技术资源的充分挖掘，以有效提升现有技术的利用效率，从而推动绿色全要素生产率增长。

表4-8　　中国绿色GML指数分解结果（2003—2014年）

年份	绿色技术效率指数	绿色技术进步指数
2003—2004	0.9831	0.9726
2004—2005	0.9795	0.9837
2005—2006	0.9641	1.0107
2006—2007	0.9697	1.0265
2007—2008	0.9997	0.9951
2008—2009	0.9856	0.9861
2009—2010	0.9955	1.0089
2010—2011	0.9966	1.0191
2011—2012	0.9983	1.0015
2012—2013	0.9938	1.0151
2013—2014	0.9947	1.0207
几何均值	0.9873	1.0035

资料来源：笔者根据测算结果整理所得。

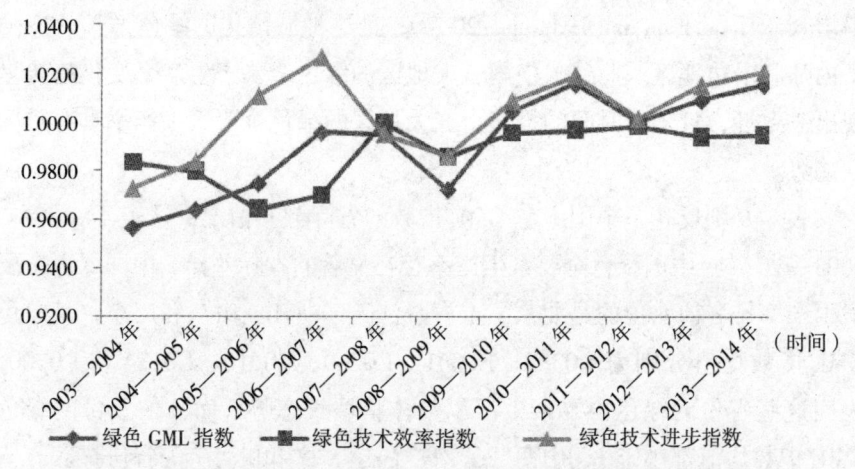

图4-11　2003—2014年中国绿色GML指数及分解指数的变化趋势

（二）中国绿色全要素生产率的区域差异

从图4-12来看，样本期内中国绿色全要素生产率存在明显的地区差异，且呈现沿海、沿边和内陆地区梯度递减的空间格局。样本期内沿海地区绿色GML指数的均值为1.0052，且增长率为0.52%，表明该地区绿色全要素生产率呈上升态势，并高于全国平均水平。而内陆和沿边地区的平均绿色 GML 指数分别为 0.9834 和 0.9838，说明这两个地区的绿色全要素生产率呈下降趋势，内陆地区的下滑幅度大于沿边地区，且二者均低于全国平均水平。导致这种地区差异的原因可能有如下几点：一是技术创新和人力资本差异。沿海地区集中了中国大部分实力雄厚的高校、科研机构和科技企业，其技术创新能力和人力资本明显高于内陆和沿边地区。二是国际技术溢出差异。沿海地区对外开放度较高，对外贸易频繁，且汇聚了大量外企在华研发中心和国内优质跨国企业，其对外贸易和双向 FDI 的技术溢出效应比内陆和沿边地区明显。三是工业化和城镇化差异。沿海地区已进入后工业化阶段，加快了工业发展模式从高投资、高能耗向高技术、低污染转变，这有利于地区绿色全要素生产率的提升；而内陆和沿边地区正处于工业化中期阶段，其部分省份仍然以高投资、高能耗、高污染的工业发展模式为主，尽管这种发展模式为当地带来了高 GDP 增长，但也过度消耗了要素资源，并加剧了环境污染，从而抑制了当地绿色全要素生产率的增长。同时，沿海地区城镇化发展日趋成熟，其优质生产资源的集聚效应和人力资本的积累效应日益凸显，在很大程度上推动了当地绿色全要素生产率增长（Henderson and Hyoung，2007），且这种城镇化的绿色增长效应强于内陆和沿边地区。此外，中国三大地区的绿色全要素生产率变化趋势呈现出一致性，且随着时间的推移，三大地区的绿色全要素生产率具有趋同的趋势。

表 4-9 则反映了中国绿色 GML 指数的省际分布情况。从表 4-9 来看，2003—2014 年中国绿色全要素生产率存在显著的省际差异。中国绿色全要素生产率排名前六位的是北京、上海、江苏、浙江、山东和广东，其绿色 GML 指数均值分别为 1.0389、1.0361、1.0260、1.0210、1.0124 和 1.0000，表明这些省份的绿色全要素生产率整体呈增长态势，而其他省份的绿色 GML 指数均值都小于 1，山西、云南、福建、甘肃和河南等省份垫底。值得关注的是，重庆的绿色全要素生产率在所有内陆和沿边地区省份中处于领跑的位置，这可能得益于成渝经济区、重庆两江新区和"渝新欧"等一系列国家战略使其在承接沿海地区产业和吸收国外先进技术等方面具备了较强的"后发优势"，并有效推动了产业结构升级和绿色技术进步。

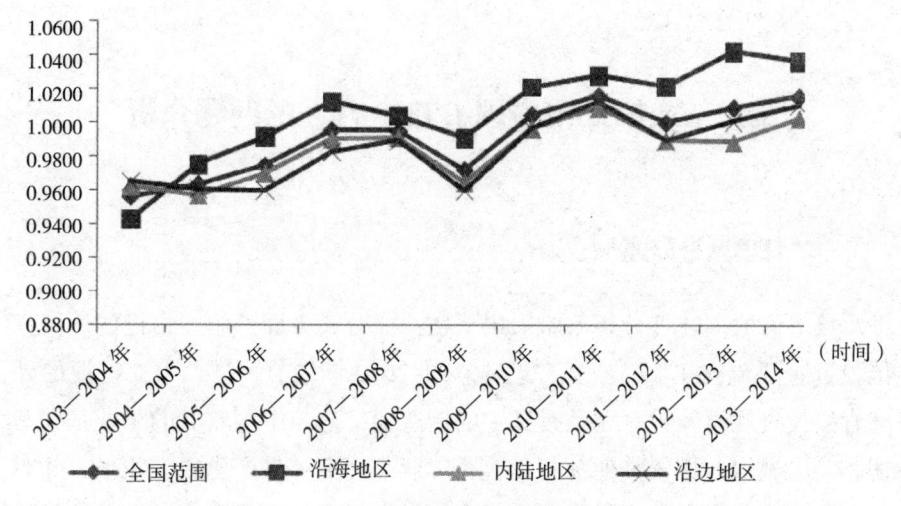

图 4-12　2003—2014 年中国各地区绿色 GML 指数的变动趋势

资料来源：笔者根据测算结果整理所得。

表 4-9　　　　　　2003—2014 年中国各省份绿色 GML 指数均值

省　份	GML 指数	省　份	GML 指数	省　份	GML 指数
北　京	1.0389	海　南	0.9892	安　徽	0.9788
上　海	1.0361	宁　夏	0.9887	河　北	0.9785
江　苏	1.0260	青　海	0.9884	广　西	0.9775
浙　江	1.0210	吉　林	0.9879	湖　南	0.9765
山　东	1.0124	辽　宁	0.9863	黑龙江	0.9760
广　东	1.0000	陕　西	0.9860	山　西	0.9757
重　庆	0.9995	新　疆	0.9848	云　南	0.9747
内蒙古	0.9969	湖　北	0.9832	福　建	0.9728
江　西	0.9952	天　津	0.9825	甘　肃	0.9694
四　川	0.9952	贵　州	0.9813	河　南	0.9668

资料来源：笔者根据测算结果整理所得。

第三节 FDI 与中国 GTFP 存在的问题分析

一 环境污染问题

从上面的描述性分析不难看出，在产业分布方面，中国引进的外商直接投资主要流向了第二、第三产业。在 2010 年之前，流入第二产业的外商直接投资规模较大，尤其是其中的制造业，这与中国较好的工业基础密切相关。诚然，相较其他部门而言，工业部门更容易产生新的技术，并对技术进步产生一定的诱发效应，且大规模的外商直接投资流向工业部门可能有利于中国的技术进步，但与此同时，可能带来一定资源环境问题，比如，外商直接投资对当地资源的消耗和污染排放等，这可能有悖于中国追求的绿色发展理念。因而，在当前中国引进外商直接投资规模不断扩大和"污染避难所"假说盛行的大背景下，系统探究资源环境约束下外商直接投资的流入对中国绿色全要素生产率影响的方向和大小，是一个具有理论意义和现实需求的选题。

二 区域差异问题

随着经济全球化的发展以及中国改革开放的深入，外商直接投资不断涌入中国。然而，从中国实际利用外商直接投资的金额、强度和外商直接投资占国内生产总值的比例来看，各地区在吸收外商直接投资方面具有较大的不平衡性，其具体表现为中国实际利用外商直接投资的总量呈沿海、内陆和沿边地区依次递减的空间格局。同时，从绿色全要素生产率测算结果来看，中国绿色全要素生产率也呈现出较大的区域差异。那么，外商直接投资流入对中国绿色全要素生产率的影响是否存在区域差异呢？若存在，其原因又是什么？为此，接下来的章节将利用计量经济学工具对上述问题进行实证检验。

第四节　本章小结

本章首先描绘了改革开放以来，中国利用外商直接投资的演变历程，并深刻揭示了外商直接投资流入与中国经济发展的历史渊源。总体来说，中国引进外商直接投资经历了"从无到有，从有到优"的蜕变。同时，从空间分布、来源地结构、投资方式和产业分布四个方面，进一步描绘了中国利用外商直接投资的现状及特征。其次，将环境污染、能源消耗分别作为非合意产出和投入要素纳入全要素生产率测算框架，利用非径向、非角度的 SBM 模型和 DEA-GML 指数，科学测算中国省际绿色全要素生产率，并从时间和地区维度对其进行了系统分析。最后，分析了外商直接投资对中国绿色全要素生产率影响过程中可能存在的资源环境问题和区域不协调问题。

第五章
FDI 对中国 GTFP 影响的总体检验

从上章中国利用外商直接投资的描述性分析可知,样本期内,中国外商直接投资实际利用额呈快速增长态势。那么,快速增长的外商直接投资是否有效驱动了中国绿色全要素生产率增长呢?为了规范解答此问题,本章将利用 2003—2014 年中国省际面板数据,并构建静态面板模型和动态面板模型,从整体层面,系统考察外商直接投资对中国绿色全要素生产率的影响。

第一节 模型设定与估计方法

一 模型设定

Coe 和 Helpmen(1995)建立了国际 R&D 溢出的基本模型(C-H):

$$\ln TFP_i = a_i^0 + a_i^d \ln S_i^d + a_i^f \ln S_i^f \tag{5.1}$$

式(5.1)中,i 表示国家(地区),TFP 表示全要素生产率,S^d 表示国内 R&D 溢出存量,S^f 表示通过进口贸易途径获取的国外 R&D 溢出存量。该模型经过众多学者的不断完善,现已成为国际技术溢出研究的经典范式。根据 C-H 模型,在经济全球化背景下,一国的技术进步取决于国内和国际研发投入的知识溢出。这一立足点符合当今开放世界的现实特征,也得到了国内外学者的广泛认同。因此,结合研究意图,本书将绿色全要素生产率引入 C-H 模型,构建如下计量模型:

$$GTFP_{it} = \alpha_0 + \alpha_1 FDI_{it} + \alpha_2 RDG_{it} + \mu_i + \varepsilon_{it} \quad (5.2)$$

式（5.2）中，i、t 分别为省域和时间，$GTFP_{it}$、FDI_{it}、RDG_{it} 分别为绿色全要素生产率、外商直接投资和国内研发投入，μ_i 为不可观测的地区效应，ε_{it} 为随机扰动项。同时，考虑到人力资本可以影响国内技术创新效率和从国外吸收、学习新技术的速度（Benhabib and Spiegel，1994；毛其淋、盛斌，2011）。金融发展不但能够满足企业的资金需求，保障其正常生产运作，还可以为企业进行生产和环保技术创新活动提供充足的信贷资源，保障其创新活动的顺利开展，提升创新成功概率（李健、卫平，2015），并有利于绿色全要素生产率增长。作为应对市场失灵的重要举措的环境规制能够通过以下渠道作用于企业绿色全要素生产率：一是基于污染函数，由环境规制导致的"遵循成本"和环保资金投入可能对生产性投资产生一定"挤出"效应，抬高生产成本，并对企业的全要素生产率带来负面作用；二是在资源环境约束日益趋紧和社会公众环保意识不断增强的情形下，环境规制可能产生"创新补偿"效应，即若企业率先进行生产技术革新和环保技术的改进，并生产环境友好产品，则可以更加满足消费者的需求，使其在市场竞争中处于"先动优势"地位，进而填补甚至抵消因环境规制提升而给企业经营绩效所造成的负面影响（殷宝庆，2012；原毅军、谢荣辉，2015）。此外，产业结构调整也会对绿色全要素生产率增长产生一定影响（杨桂元、吴青青，2016；胡建辉等，2016）。因此，本书将人力资本、金融发展、环境规制和产业结构引入式（5.2），经整理可得如下实证模型：

$$GTFP_{it} = \alpha_0 + \alpha_1 FDI_{it} + \alpha_2 RDG_{it} + \alpha_3 HUM_{it} + \alpha_4 FIN_{it} + \alpha_5 REG_{it} + \alpha_6 IND_{it} + \mu_i + \varepsilon_{it} \quad (5.3)$$

式（5.3）中，HUM_{it}、FIN_{it}、REG_{it} 和 IND_{it} 分别为人力资本、金融发展、环境规制和产业结构；α_0 为常数项，$\alpha_1, \cdots, \alpha_6$ 为解释变量系数，ε_{it} 为扰动项。

式（5.3）为基准回归模型，但该模型中解释变量的内生性问题值得关注。相关实证研究表明，FDI 和金融发展会作用于绿色全要素生产率增长，反过来，地区全要素生产率的提升和经济增长又会影响 FDI 的区位选择，且经济不断增长也会刺激金融需求，并促使金融规模扩张（邹新月、赵江，2013）。因而式（5.3）中可能会因为这种双向关系，导致其计量结果存在一定内生性偏差。为了尽量规避这种可能存在的内生性问题，并考虑到经济活动中的时间惯性，本书将绿色全要素生产率的一阶滞后项作为解释变量纳入式（5.3），构建如下动态面板模型，即：

$$GTFP_{it} = \beta_0 + \beta_1 GTFP_{i,t-1} + \beta_2 FDI_{it} + \beta_3 RDG_{it} + \beta_4 HUM_{it} + \beta_5 FIN_{it} + \beta_6 REG_{it} + \beta_7 IND_{it} + \mu_i + \varepsilon_{it} \quad (5.4)$$

式（5.4）中，$GTFP_{i,t-1}$ 表示绿色全要素生产率的一阶滞后项。

二 估计方法

对于式（5.3），本书采用"OLS+稳健标准误"方法进行估计。使用该方法的优点在于，它对回归系数和标准误的估计均是一致的，且不必确定条件方差函数的形式。即使在"异方差"（Heteroskedasticity）的情况下，也可以与异方差"和平共处"（陈强，2014）。

对于式（5.4），本书借助动态面板的广义矩估计（Generalized Method of Moments，GMM）方法来估计参数。该方法的优点在于不仅可以通过差分或利用工具变量对未观察到的时间和个体效应进行控制，还能够利用上期的解释变量和滞后的被解释变量作为工具变量来规避内生性问题（Arellano and Bover，1995）。一般而言，GMM方法主要包括差分GMM、水平GMM和系统GMM，其概述如下：

（一）差分GMM

假设有如下动态面板模型：

$$y_{it} = \alpha + \lambda y_{i,t-1} + x'_{it}\beta + z'_i\delta + \mu_i + \varepsilon_{it}, (t=2,\cdots,T) \quad (5.5)$$

为了消除个体效应 μ_i，对式（5.5）进行一阶差分处理，则有：

$$\Delta y_{it} = \lambda \Delta y_{i,t-1} + \Delta x'_{it}\beta + \Delta \varepsilon_{it}, (t=2,\cdots,T) \quad (5.6)$$

由于 $y_{i,t-1}$ 和 $\varepsilon_{i,t-1}$ 相关，且 $\Delta y_{i,t-1} \equiv y_{i,t-1}-y_{i,t-2}$ 仍然与 $\Delta \varepsilon_{it} \equiv \varepsilon_{it}-\varepsilon_{i,t-2}$ 相关，因而 $\Delta y_{i,t-1}$ 为内生变量，需要找到合适的工具变量才可以得到一致估计。为此，Anderson和Hsiao（1981）提出采用 $y_{i,t-2}$ 作为 $\Delta y_{i,t-1}$ 的工具变量，并展开2SLS估计，这就是"Anderson-Hsiao估计量"。若 $\{\varepsilon_{it}\}$ 不存在自相关，那么 $y_{i,t-2}$ 和 $\Delta \varepsilon_{it} \equiv \varepsilon_{it}-\varepsilon_{i,t-2}$ 不相关。即在 $\{\varepsilon_{it}\}$ 不存在自相关的情况下，$y_{i,t-2}$ 是有效工具变量。以此类推，更高阶的滞后变量 $\{y_{i,t-3}, y_{i,t-4},\cdots\}$ 也是有效工具变量。然而"Anderson-Hsiao估计量"没有加以利用，故不是最有效率的。随后，Arellano和Bond（1991）利用所有可能的滞后变量作

为工具变量进行 GMM 估计，称为"Arellano-Bond 估计量"。由于是对差分后的方程展开 GMM 估计，因而该估计量也被称为"差分 GMM"（Difference GMM）。需要指出的是，使用该方法的前提条件是扰动项 $\{\varepsilon_{it}\}$ 不存在自相关，即 $Cov(\varepsilon_{it}, \varepsilon_{is})=0, t \neq s, \forall i$。

但该方法存在一定局限：一是若 x_{it} 只为前定变量，而不是严格外生，那么经差分处理之后，$\Delta x_{it} \equiv x_{it}-x_{i,t-1}$ 就可能和 $\Delta \varepsilon_{it} \equiv \varepsilon_{it}-\varepsilon_{i,t-1}$ 相关。二是若 T 很大，则会有很多工具变量，这容易导致弱工具变量问题，并产生一定偏误。三是由于不随时间变化的变量 z_i 被消除了，因而差分 GMM 难以估计 z_i 的系数。四是如果被解释变量具有很强的持续性时，采用差分 GMM 会导致弱工具变量的问题，并影响估计结果的渐进有效性（戴魁早、刘友金，2015）。

（二）水平 GMM

为了克服 Z_i 系数估计问题以及因被解释变量具有很强的持续性而导致的弱工具变量问题，Arellano 和 Bover（1995）重新回到了差分之前的水平方程式（5.5），并采用差分变量 $\{\Delta y_{i,t-1}-\Delta y_{i,t-2},\cdots\}$ 作为水平变量 $y_{i,t-1}$ 的工具变量，这恰好与差分 GMM 方法相反，也被称作"水平 GMM"（Level GMM）。使用该方法需满足以下两个前提条件：一是 $\{\varepsilon_{it}\}$ 不存在自相关；二是差分变量 $\{\Delta y_{i,t-1}-\Delta y_{i,t-2},\cdots\}$ 和个体效应 μ_i 不相关。

（三）系统 GMM

Blundell 和 Bond（1998）充分结合差分 GMM 和水平 GMM，并将差分方程和水平方程视为一个方程系统进行 GMM 估计，这种方法称为系统 GMM（System GMM）。该方法可以较好地弥补差分 GMM 的不足，即它可以同时利用差分和水平方程中的信息以及差分转换所使用到的工具变量。同时，系统 GMM 使用的样本信息量更大，且在一般情况下比差分 GMM 更有效（Che et al.，2013）。但这种有效性在很大程度上取决于解释变量的滞后项作为工具变量是否有效。鉴于样本观测值的有限性，本书以解释变量的一阶滞后项作为工具变量，并采用以下两种方法来判别模型设定的有效性。一是利用 Sargan 检验来判断工具变量是否有效，若接受"所有工具变量均有效"的原假设，说明工具变量的设定是合理的（陈强，2014）。二是检验残差项的非自相关假设，即检验 GMM 回归系中差分的残差项是否存在一阶、二阶自相关。此外，系统 GMM 又包括一步和两步估计，但后者对异方差和截面相关性具有更强的稳健性。故在一般情况下,后者优于前者。综上所述,本书采用两步系统 GMM 方法对式(5.4)进行估计。

第二节 变量选取与数据说明

一 被解释变量

绿色全要素生产率(GTFP)。由于第四章测算的 GML 指数(GTFP)衡量的只是生产效率在各年度间的环比改进情况,为了更真实地反映当年的经济发展状况,本书采用文献惯用做法(邱斌等,2008;李斌等,2013;韩海彬、张莉,2015;胡建辉等,2016),将 GTFP 的环比改进指数换算成定比改进指数,即令基年 2003 年的 GTFP 为 1,然后利用测算出的 GML 指数进行连乘而得到 2004—2014 年的 GTFP。

二 核心解释变量

外商直接投资水平(FDI)。本书采用地区人均外商直接投资存量(万元/人)来衡量地区外商直接投资水平。一是外商直接投资存量估算。由于 FDI 流量的波动性较大且前期 FDI 的残值可能继续产生作用。因此,本书采用永续盘存法估算 FDI 实际利用额的存量(Yao and Wei,2007)。具体估算过程如下:首先,将 FDI 实际利用额常用计价单位(美元)转换为人民币[①];其次,计算基期 FDI 存量:$FDI_{i0} = fdi_{i0}/(h+g)$,其中,$fdi_{i0}$ 表示 i 地区基期的 FDI 实际利用额,h 表示样本期内 FDI 的平均增长率;最后,估算 FDI 存量:$FDI_{it} = (1-g)FDI_{i,t-1} + fdi_{it}$,式中,$FDI_{it}$ 为 i 地区第 t 年的 FDI 存量,fdi_{it} 为 i 地区第 t 年的 FDI 流量,g 为 9.6% 的固定经济折旧率(张军等,2004)。二是人均 FDI 存量计算。为尽量消除人口因素的影响,本书采用地区外商直接投资存量与地区总人口的比值来表示外商直接投资水平。

---

① 当年汇率来自《中国统计年鉴》。

三 控制变量

国内研发资本投入（RDG）。现有文献通常选取国内研发经费内部支出作为国内研发资本投入的测度指标，比如，沙文兵（2012）、李梅和柳士昌（2012）等。国内研发资本又有流量和存量之分，但国内研发资本流量存在一定的波动性，因而本书采用国内研发资本存量占GDP的比重来表征国内研发资本投入水平。与物质资本存量和FDI实际利用额存量的计算类似，各地区历年研发资本存量也采用永续盘存法进行估算，即 $RDG_{it}=(1-\delta)RDG_{i,t-1}+RD_{it}$，$RDG_{i0}=RD_{i0}/(\mu+\delta)$。式中，$RDG_{it}$ 表示研发资本存量，RD_{it} 表示国内研发经费内部支出不变价，RDG_{i0} 表示基期研发资本存量，RD_{i0} 表示基期研发经费内部支出不变价，μ 表示考察期内研发经费内部支出不变价的平均增长率，δ 表示折旧率。由于知识的经济生命周期要短于物质资本，研发资本存量的折旧率通常高于物质资本存量的折旧率（Nadiri，1993）。因此，本书借鉴文献常用做法（陈超，2016），将研发资本存量的折旧率设定为15%。

人力资本水平（HUM）。现有文献对人力资本水平的衡量标准主要有三大类：一是地区中高等学校在校学生数占地区总人口的比重（温怀德等，2008）；二是地区研究与开发机构R&D从业人员与地区总人口的比值（张宇，2008）；三是劳动力的平均受教育年限（张林等，2014）。考虑到绿色全要素生产率的提升与生产技术和环保技术创新密切相关，且需要技术人才的强力支撑，而研究和开发机构从业人员是其中坚力量。因此，本书借鉴张宇（2008）的思想，采用地区研究与开发机构R&D从业人员占地区总人口的比重[①]来衡量地区人力资本水平。

金融发展水平（FIN）。Hermes 和 Lensink（2003）等学者证实了东道国金融发展会影响FDI的生产率溢出效应，且东道国发达的金融体系有利于FDI的正向技术溢出效应发挥。在金融发展指标选取上，国内外学术界存在一定争议。比如，盛雯雯（2014）用股票市场资本化与GDP比值来衡量金融发展水平。李苗苗等（2015）、马大来等（2017）则采用金融机构存贷款余额之和占GDP的比重来测度金融发展水平。但考虑到中国金融体系以银行业为主导，尤其是以国家银行为主，且银行中介的效率越高，其

---

① 由于该指标的数值较小，在实证过程中，遂将其扩大100倍。

对各地区投资增长作用就越大（李敬等，2007）。进一步来讲，高效的金融机构可以推动资金从盈余部门向赤字部门转化，一旦储蓄向投资转化受阻，则难以满足绿色技术创新的信贷需求，进而抑制绿色全要素生产率增长。因此，结合地区数据的可获取性和完整性，本书采用地区金融机构的总贷款与总存款的比值来表示金融中介效率，并以此表征地区金融发展水平。

环境规制（REG）。已有文献大多采用环境污染治理投资额、"三废"综合利用值、排污费收入和污染物处理率等指标来衡量环境规制水平。但排污费收入包括了事业单位排污收入，考察期内的"三废"综合利用值和污染物处理率数据难以完整获取，故本书借鉴许和连和邓玉萍（2012）的做法，采用环境污染治理投资强度（在一定程度上体现政府治污的决心和努力）——工业污染治理完成投资额与 GDP 比值来测度环境规制水平。

产业结构（IND）。产业结构主要反映的是各产业内部结构的比例关系，且不同的产业结构对绿色全要素生产率的影响也有所不同。考虑到中国当前仍处于工业化发展阶段，因而本书参照文献常用做法（汪锋、解晋，2015；杨桂元、吴青青，2016），采用第二产业与 GDP 比值来衡量产业结构。

四 数据说明

考虑到 2003 年以来外商直接投资的实际利用额逐步形成较大规模，且对中国经济增长乃至生态环境产生了较为深远的影响，同时鉴于数据的可得性，本书将时间窗口确定为 2003—2014 年。由于西藏具有特殊的资源禀赋条件且部分数据缺失，本书未将其纳入样本，样本共涉及中国大陆 30 个省域。原始数据主要来自历年《中国统计年鉴》《中国环境年鉴》《中国环境统计年鉴》《中国科技统计年鉴》、各地区统计年鉴和"中经网"数据库。为了保证数据的可比性，以 2003 年为基期，对涉及货币计量的变量进行 GDP 平减调整。同时，为了降低异常值（离群值）对估计的影响，对部分连续变量进行缩尾处理。本书借助 Stata12.0 软件进行数据处理和回归，变量描述性统计如表 5-1 所示。

表 5-1　　　　　　　　　变量描述性统计

变量	观测值	均值	标准差	最小值	最大值
GTFP	360	0.9128	0.1392	0.6595	1.5215

·续表·

变量	观测值	均值	标准差	最小值	最大值
FDI	360	0.3808	0.4786	0.0030	2.6404
RDG	360	0.0462	0.0408	0.0042	0.2620
HUM	360	0.0007	0.0013	0.0001	0.0079
FIN	360	0.7265	0.1069	0.4669	1.0897
REG	360	0.0018	0.0014	0.0001	0.0099
IND	360	0.4782	0.0789	0.2117	0.6642

第三节 经验检验与结果分析

一 多重共线检验

在现实经济数据中，严格多重共线性很少出现，较为常见的是近似（非严格）的多重共线性。它表现为，若将第 n 个自变量 x_n 对其余自变量 $\{x_1,\cdots,x_{n-1},x_{n+1},\cdots,x_n\}$ 进行回归，所得可决系数（记为 R_n^2）较高。如果回归方程存在近似多重共线，OLS 依然是最佳线性无偏估计。然而，这并不意味着 OLS 估计量方差在绝对意义上小（陈强，2014）。同时，在近似多重共线情况下，矩阵 $(X'X)^{-1}$ 变得几乎不可逆，因而就某种意义上而言，$(X'X)^{-1}$ 会变得很"大"，导致方差 $Var(h|X)=\sigma^2(X'X)^{-1}$ 变大，从而难以准确估计系数。更为重要的是，在该情况下，一旦数据矩阵 X 的元素稍微发生变化，就可能致使 $(X'X)^{-1}$ 产生较大变化，并进一步造成 OLS 估计值 h 产生较大变化。其具体表现在以下两个方面：一是尽管整个方程的 R^2 较大，且 F 检验也较为显著。然而，单个系数的 t 检验却不显著，甚至会出现系数符号和理论预期相反的情况。二是增减自变量可能导致系数估计值发生较大变化。

因此，有必要对回归方程进行近似多重共线性检验，其常用之法是 VIF 检验。可以证明，协方差矩阵主对角线上的第 n 个元素的数学表达式如下：

$$Var(h_n|X)=\sigma^2/(1-R_n^2)S_{nn} \qquad (5.7)$$

式（5.7）中，$S_{nn} = \sum_{i=1}^{m}(x_{in} - \bar{x}_n)^2$ 表示 x_n 的离差平方和。若 x_n 变动幅度较小，则难以准确估计其对 y 的影响。在式（5.7）中，我们更加关注 $(1-R_n^2)$。因此，定义第 n 个自变量 x_n 的"方差膨胀因子"（Variance Inflation Factor，VIF）为：

$$VIF_n \equiv 1/(1-R_n^2) \tag{5.8}$$

进一步，则有：

$$Var(h_n|X) \equiv VIF_n \cdot (\sigma^2/S_{nn}) \tag{5.9}$$

需要指出的是，VIF 值越大，表明多重共线性问题越严重。一个经验规则是，最大的 VIF 不超过 10（陈强，2014）。本书单个解释变量的 VIF 值均小于 10，故不必担心存在多重共线性问题，可以进行下一步分析。

二 模型形式选择

在对面板数据模型进行估计时，需要选择模型的设定形式。面板数据模型的选择主要有三种形式：固定效应模型（FE）、随机效应模型（RE）和混合估计模型（PA），本书采用 F 检验和豪斯曼（H）检验进行综合判定（见表 5-2）。观察表 5-2 可知，F 检验的 p 值为 0.0000，故强烈拒绝"混合回归模型更优"的原假设。然而，由于未使用聚类稳健性标准误，故这个 F 检验的有效性值得商榷。于是，可采用 LSDV 法进一步考察。LSDV 回归结果显示，大多数个体虚拟变量都显著，因此，可放心地认为固定效应模型优于混合回归模型。同时，H 检验结果中的 p 值为 0.000，强烈拒绝了"随机效应模型更优"的原假设。综上所述，本书选择建立个体固定效应模型。

表 5-2　　　　　　　　　模型形式检验结果

检验方法	原假设	统计量	p 值
F 检验	混合回归模型更优	24.36	0.0000
LSDV 检验	所有个体虚拟变量均为 0	—	大多数个体虚拟变量均显著
H 检验	随机效应模型更优	20.56	0.0045

三 实证结果分析

在检验了一系列模型设定问题之后，本书将利用"OLS+ 稳健标准误"

和系统 GMM 方法实证研究 FDI 对中国绿色全要素生产率的总体影响，其估计结果如表 5-3 所示。同时，考虑到影响绿色全要素生产率增长的影响因素较多，且在选择控制变量时可能会遗漏部分变量。为了尽可能减少遗漏变量问题所带来的影响，本节将遵循计量经济学中"从一般到特殊"的建模原则（李子奈，2008），即首先以包括所有控制变量的总体回归模型作为分析对象，对式（5.2）进行"一般性"经验检验，在确定外商直接投资对绿色全要素生产率的具体影响后，再运用在基本控制变量基础上逐步增加其他控制变量的"特殊性"方法进行参数估计，以专门考察各控制变量对该影响的冲击情况（戴魁早、刘友金，2016）。

从表 5-3 来看，模型（1）—模型（5）是采用"OLS+稳健标准误"方法的回归结果。模型（1）表示仅考虑核心解释变量 FDI 和控制变量国内研发资本投入对中国绿色全要素生产率的影响，但其估计结果的准确性值得商榷，且从理论上也不难看出，中国绿色全要素生产率不可能只受 FDI 和国内研发资本投入的影响。而模型（2）—模型（5）是逐步加入人力资本、金融发展、环境规制和产业结构几个控制变量的估计结果，其拟合优度逐渐增加，且多数控制变量通过了显著性检验。这也说明了逐级增加控制变量的必要性。

模型（6）是采用系统 GMM 方法的估计结果。该模型估计的 $Wald$ 值在 1% 水平下显著，Sargan 检验接受"所有工具变量均有效"的原假设，AR（1）和 AR（2）检验都接受原假设，表明扰动项差分不存在一阶、二阶自相关。由此可见，动态面板模型设定是合理的，且估计结果具有一定的可靠性。绿色全要素生产率一阶滞后项的系数显著为正，说明绿色全要素生产率增长具有一定时间惯性，即当期绿色全要素生产率不但受到当年部分相关因素的影响，还会受到上期绿色全要素生产率的影响。

结合前五个模型，本书以模型（6）为主，具体分析中国绿色全要素生产率的影响因素的系数及其经济学含义。

（一）核心解释变量

外商直接投资（FDI）的系数为 0.0119，且通过了 5% 的显著性检验，说明 FDI 的流入显著促进了中国绿色全要素生产率增长。这与王兵（2010）、杨冕和王银（2016）的结论基本一致，但与杨俊和邵汉华（2009）、杨文举和龙睿赟（2012）的结论相反。我们认为这可能与本书选择的样本周期有关，也说明中国外商直接投资可能已经跨过了大量引入高污染、高能耗FDI的引资阶段，而正处于FDI发挥正向资本、技术溢出效应以及"污染光环"效应的阶段。

从FDI的正向资本、技术溢出效应来看，一方面，自中国加入WTO以来，大量外商直接投资的涌入不但为中国输送了新鲜的资本血液，还为中国带来了较为先进的生产技术、管理经验和国际标准等。虽然这些技术、经验等与国际最先进水平相比还存在一定差距，但仍然在一定程度上领先于现阶段中国的平均技术水平。因而，FDI的流入会对中国全要素生产率的增长产生一定溢出作用，而且部分FDI的投资行业也逐渐从第二产业向第三产业转移，并通过"鲶鱼效应"促进国内企业的技术进步（周旭，2015），这可以表述为FDI的直接促进作用。另一方面，FDI进入中国，其带来的市场竞争、示范—模仿、人员流动效应和产业关联效应，加速了国内生产领域的竞争和变革，迫使内资企业加大技术研发投入力度和提高服务质量，并推动行业内、行业间的资源配置效率提升以及产业结构的升级，进而促进国内全要素生产率的增长，这可称为FDI的间接溢出作用。

从FDI的"污染光环"效应来看，当前中国已通过ISO14001和中国环境标志认证的企业中，2/3以上是外企（许和连、邓玉萍，2012），FDI引进的先进环保技术和设备在一定程度上为中国环保事业发展做出了积极贡献。同时，中国政府日益重视FDI的进入结构，且强化对污染型FDI项目的审批力度，而FDI流入带来的先进生产、治污技术，不仅有效降低了自身污染排放，还通过竞争、示范和学习效应带动本地企业进行清洁生产，从而降低了整个行业乃至地区污染排放水平。

此外，随着中国自贸区试点工作的推进以及国内人工成本的上升，外企也在进行自我调整，部分劳动密集型、从事低端制造业的外企将生产基地从中国迁移到其他低收入国家（如东南亚国家），而战略性新兴产业和高端制造业的外资规模在逐渐扩大，这对中国产业结构优化和绿色转型起到了一定的促进作用，并有利于中国绿色全要素生产率增长。

综上所述，当前FDI流入通过直接的正向作用、间接的溢出作用和"污染光环"效应，综合推动了中国绿色技术进步和绿色技术效率的提升，从而促进了中国绿色全要素生产率的增长。

（二）控制变量

国内研发资本投入（RDG）的系数为1.3309，且在1%水平下显著，说明国内研发资本投入强度的提升对绿色全要素生产率增长产生了明显的促进作用。这可能是因为，随着中国经济实力的增强以及国家对科技创新的重视，样本期内中国研发资金投入强度从1.1%提升到了1.9%[①]，国内研发资本投入的持续增长，为先进生产技术和环保技术创新的基础和应用研究提供了物质保障，也在一定程度上推动了中国绿色全要素生产率增长。但目前中国研发资本投入强度与世界主要发达国家的2%—3.5%仍有一定差距，尚有一定的提升空间。因此，需要进一步加大研发投入力度，并提升研发资源配置效率，从而放大其对绿色全要素生产率的正向增长效应。

人力资本（HUM）的系数为0.1967，且通过了5%的显著性检验，表明人力资本水平的提升对绿色全要素生产率的增长具有显著的正向影响。这可能是由于，在"科教兴国"战略推动下，中国加大了对教育、科研领域的投入，劳动力素质逐步提高，科研人员队伍不断壮大，绿色技术创新能力也有所增强。同时，人力资本水平的提升不但有利于生产技术的创新，还有利于将节能环保的绿色发展理念植入生产环节中，从而推动绿色全要素生产率的增长。因而中国应进一步深化人力资本水平，充分发挥其对绿色全要素生产率的正向促进作用。

金融发展（FIN）的系数为0.0320，且在10%水平下显著，说明金融发展水平的提升在一定程度上促进了中国绿色全要素生产率增长。这可能是因为，资金是企业的"血液"，而金融市场不但能够满足企业的资金需求，保障其正常生产运作，还可以为企业的生产技术和环保技术创新活动提供充沛的资金支持，并保障其创新活动的顺利开展。因而，地区金融市场越完善，金融发展水平越高，就越有利于提高外资企业和内资企业创新生产、环保技术的融资便利性和降低其融资成本及风险程度，并帮助同行业内资企业更好地吸收和消化外企的先进技术溢出，从而有助于绿色全要素生产率的增长。

产业结构（IND）的系数为-0.2362，且在5%水平下显著，说明以工业为主要架构的第二产业比重上升显著抑制了中国绿色全要素生产率的增

[①] 资料来源：历年《中国统计年鉴》和《中国科技统计年鉴》。

长。这与汪锋和解晋（2015）、杨冕和王银（2016）的观点基本一致。不难理解，中国仍处于工业化进程之中，粗放型的工业增长方式加剧了环境污染和能源消耗，而且以煤炭为主的能源结构在一定程度上也抑制了中国绿色全要素生产率增长。这就要求中国优化产业结构，大力发展以现代服务业为核心的第三产业，鼓励 FDI 进入第三产业。同时，加快工业经济增长由"资本、劳动等要素驱动"向"科技创新驱动"转变，并依靠科技创新推动高能耗、高污染的"高碳型"工业实现绿色化转型。

令人意外的是，环境规制（REG）的系数未通过显著性检验，表明现阶段环境规制对中国绿色全要素生产率增长的直接影响并不明显。这在一定程度上印证了 Gray 和 Shadbegian（1995）、Nakano（2002）的观点。究其原因，可能有如下两点：一是当前环境规制的强度较弱（污染治理投资额占 GDP 的比重偏低），且缺乏相应的稳定性和持续性，且污染治理存在一定投机行为，这也导致了环境规制的治污效果不太明显。二是当前中国的能源环境政策侧重节能减排，且最终目的是促使生产绩效和环境污染在此消彼长中实现均衡（沈能，2012），但每个行业具有特殊性，其承受的环境规制水平也可能有所不同。只有在环境规制产生的综合利益大于其产生的成本情况下，环境规制才具备有效性。也就是说，现阶段中国环境规制的设计主要是针对末端治理，而缺乏对企业绿色技术创新的有效激励，从而导致环境规制对绿色全要素生产率的正向影响不明显，甚至可能产生一定负向作用。因此，中国应将环境规制的重点从规制程度的制定向规制工具的创新转变，并大力推动环境规制工具从"命令控制型"向激励型转换，激励内外资企业开展绿色技术研发、创新活动，从而促进绿色全要素生产率增长。

表 5-3 FDI 对中国 GTFP 影响的总体检验结果

变量	OLS+ 稳健标准误					系统 GMM
	（1）	（2）	（3）	（4）	（5）	（6）
GTFP（-1）	—	—	—	—	—	0.8349*** （9.25）
FDI	0.0342 （1.38）	0.0322 （1.34）	0.0357 （1.46）	0.0348* （1.72）	0.0452* （1.94）	0.0119** （1.99）
RDG	1.2733*** （6.30）	0.5807 （1.54）	0.7153* （1.66）	0.7113* （1.65）	1.2674*** （2.64）	1.3309*** （5.17）

·续表·

变量	OLS+ 稳健标准误					系统 GMM
	（1）	（2）	（3）	（4）	（5）	（6）
HUM	—	0.2221* （1.69）	0.2613** （2.00）	0.2616** （2.00）	0.1967* （1.97）	0.1967** （2.03）
FIN	—	—	0.2132*** （3.53）	0.2152*** （3.57）	0.1968*** （3.22）	0.0320* （1.93）
REG	—	—	—	−1.3849 （−0.35）	−1.2659 （−1.09）	−1.3928 （−1.42）
IND	—	—	—	—	−0.3867*** （−3.65）	−0.2362** （−2.05）
R^2	0.2805	0.3078	0.3255	0.3669	0.4012	—
Wald						1574.61*** （0.0000）
AR（1）	—	—	—	—	—	−0.8857 （0.3758）
AR（2）	—	—	—	—	—	−1.2658 （0.2056）
Sargan	—	—	—	—	—	28.9043 （0.4174）

注：*、**、*** 分别表示 10%、5% 和 1% 的显著性水平，"OLS+ 稳健标准误"回归中解释变量的括号数值为 t 值，系统 GMM 回归中解释变量的括号数值为 z 值，Wald、AR（1）、AR（2）和 Sargan 检验的括号数值表示 P 值。

第四节　本章小结

本章利用 2003—2014 年中国省际面板数据，并采用"OLS+ 稳健标准误"和系统 GMM 方法实证检验了外商直接投资对中国绿色全要素生产率的总体影响。实证结果表明：整体而言，外商直接投资的流入对中国绿色全要素生产率的增长具有显著的正向促进作用。在控制变量中，国内研发投入、人力资本、金融发展对中国绿色全要素生产率的增长产生了明显的正向影响，但产业结构对绿色全要素生产率增长产生了显著的负向影响，当前环境规制对绿色全要素生产率增长的影响并不显著。

第六章
FDI 对中国 GTFP 影响的区域差异检验

第五章基于 2003—2014 年中国省际面板数据，利用"OLS+ 稳健性标准误"和系统 GMM 方法实证检验了外商直接投资对中国绿色全要素生产率的总体影响。那么，这种影响是否存在区域差异呢？规范检验上述问题不但有利于进一步深入了解外商直接投资对中国绿色全要素生产率影响的空间分布特征，还可以为中国各地区采取针对性的引资政策，促进当地绿色发展提供一定参考。基于此，本章将继续利用 2003—2014 年中国省际面板数据，系统考察外商直接投资对中国绿色全要素生产率影响的区域差异。

第一节　模型设定与估计方法

一　区域差异模型

为系统考察外商直接投资对中国绿色全要素生产率影响的区域差异，本书将中国省份划分为沿海、内陆和沿边"新三大经济区域"[①]，借鉴李梅和柳士昌（2012）的思想，以沿海省份为参照系，设立内陆和沿边两个虚拟变量 INLAND 和 BORDER，并在前文式（5.4）的基础上，构建如下计量模型：

[①] 中国"新三大经济区域"的划分标准详见第四章第一节中国利用 FDI 的空间分布内容，在此不赘述。

$$GTFP_{it} = \lambda_0 + \lambda_1 GTFP_{i,t-1} + \lambda_2 FDI_{it} + \lambda_3 INLAND \times FDI_{it} = \lambda_4 BORDER \times FDI_{it} + \\ \lambda_5 RDG_{it} + \lambda_6 HUM_{it} + \lambda_7 FIN_{it} + \lambda_8 REG_{it} + \lambda_9 IND_{it} + \mu_i + \varepsilon_{it}$$
(6.1)

为了尽量减少内生性问题、遗漏变量问题和时间惯性问题可能导致的估计偏误，本书继续采用系统 GMM 方法对式（6.1）进行估计。

二 空间收敛模型

收敛模型起初主要用于检验一个国家（地区）收入差距是否具有收敛性，随着时间的推移，它逐渐被应用到了消费、贸易和环境等诸多领域。一般情况下，收敛模型的方法主要包括 α 收敛、β 收敛方法，其中，β 收敛方法更为常见。β 收敛以资本边际收益递减而引致的经济增长趋同的假设为理论基础，其内涵是，由于初始经济收入水平较低区域的增速高于经济收入水平较高的区域，因而随着时间的推移，不同区域的经济收入水平可能呈现趋同的现象。同时，β 收敛又可分为 β 绝对收敛和 β 条件收敛，前者是指在不受外界因素的干扰下，不同地区之间呈现的收敛现象，而后者是指在考虑外界因素的影响下，不同区域之间出现的收敛趋势。根据 β 绝对收敛的内涵，Barro 和 Sala-i-Martin（2011）建立了 β 绝对收敛模型，即：

$$\frac{1}{T}\ln\left(\frac{y_{i,t+T}}{y_{it}}\right) = \alpha + \beta \ln(y_{it}) + \varepsilon_{it}, \varepsilon \sim N(0,\sigma^2)$$
(6.2)

式（6.2）中，y_{it}、$y_{i,t+T}$ 分别表示国家（地区）i 在时间 t、$t+T$ 的产出水平，α 表示常数项，$\beta = -(1-e^{-\eta T})$，η 表示收敛速度。如果 $\beta<0$，那么，说明在时间 T 内存在绝对 β 收敛，落后地区的经济增速要高于发达地区，即存在落后地区的"追赶效应"。如果 $\beta>0$，则表明收入差距存在发散。

β 条件收敛是在 β 绝对收敛的基础上加入其他控制变量的一种收敛方法，其数学表达式为：

$$\frac{1}{T}\ln\left(\frac{y_{i,t+T}}{y_{it}}\right) = \alpha + \beta_1 \ln(y_{it}) + \beta_2 M_{it} + \varepsilon_{it}, \varepsilon \sim N(0,\sigma^2)$$
(6.3)

其中，M 表示控制变量组，β_2 表示控制变量的系数。

上文的 β 收敛是采用普通的计量方法来建立收敛模型，而忽视了空间因素的影响，这可能导致其估计结果存在一定偏误。因为"所有事物都与其他事物相关联，且较近的事物总比较远的事物关联性更强"，这被称为

"地理学第一定理"(Tobler,1970)。同时,在空间地理的影响下,地区间要素的流动会造成区域间,特别是相邻区域的绿色技术创新行为存在空间溢出效应,因而空间距离不同的地区在绿色全要素生产率方面可能有所不同,并且伴随空间效应的发生,地区间的绿色全要素生产率的差异可能逐渐缩小,这就表现为区域绿色全要素生产率空间相关性的存在。因此,本书将空间效应引入普通的 β 收敛模型中,并构建空间误差收敛模型(Spatial Error Convergence Model,SECM)[①],进行收敛性研究。空间误差收敛模型又分为 β 绝对收敛和 β 条件收敛的空间误差模型(马大来,2015),其具体表达式如下:

$$\frac{1}{T}\ln\left(\frac{y_{i,t+T}}{y_{it}}\right) = \alpha + \beta\ln(y_{it}) + \varepsilon_{it}, \varepsilon_{it} = \varphi W + \delta, \delta \sim N(0,\sigma^2 I) \quad (6.4)$$

$$\frac{1}{T}\ln\left(\frac{y_{i,t+T}}{y_{it}}\right) = \alpha + \beta_1\ln(y_{it}) + \beta_2 M_{it} + \varepsilon_{it}, \varepsilon_{it} = \varphi W + \delta, \delta \sim N(0,\sigma^2 I) \quad (6.5)$$

式(6.4)和式(6.5)中,φ 表示回归残差之间空间关联性的参数,δ 表示空间不相关的随机扰动项,W 表示空间权重矩阵。

结合研究意图和中国省际面板数据,本书在式(6.4)和式(6.5)基础上,进一步构建 β 绝对收敛和 β 条件收敛的空间误差模型,以系统考察中国绿色全要素生产率的收敛性,以及 FDI 对它的影响。

$$gGTFP = \alpha_i + \mu_t + \beta\ln(GTFP_{i,t-1}) + \sigma_{it}, \sigma_{it} = \theta\sum_j W_{ij} \times u_{it} + \varepsilon_{it} \quad (6.6)$$

$$gGTFP = \alpha_i + \mu_t + \beta_1\ln(GTFP_{i,t-1}) + \beta_2 M_{it} + \sigma_{it}, \sigma_{it} = \theta\sum_j W_{ij} \times u_{it} + \varepsilon_{it} \quad (6.7)$$

式(6.6)和式(6.7)中,θ 为空间误差系数,α_i 和 μ_t 分别表示空间固定效应和时间固定效应。$gGTFP_{it}$ 为 i 地区第 t 年绿色全要素生产率的增长速度,用 i 地区第 t 年绿色全要素生产率的对数值减去第 $t-1$ 年绿色全要素生产率对数值来表示,即 $gGTFP_{it} = \Delta\ln(GTFP_{it}) = \ln(GTFP_{it}) - \ln(GTFP_{i,t-1})$。$\ln(GTFP_{i,t-1})$ 为起初地区的绿色全要素生产率,用 i 地区第 $t-1$ 年绿色全要素生产率的自然对数来表示,该变量的系数方向反映区域绿色全要素生产

[①] 之所以构建空间误差收敛模型,是因为一个地区对其他地区的关联性比较复杂,只依靠 FDI、国内研发资本投入、人力资本、环境规制等指标可能难以完全抓住所有的影响因素,其他可能影响区域绿色全要素生产率增长且具有空间关联性的因素便进入了实证模型的误差项之中,进而造成模型的随机误差项呈现出较强的空间关联性(潘文卿,2012)。

率是否具有收敛性。即如果系数显著为负，则说明绿色全要素生产率增长存在显著的 β 收敛趋势。M_{it} 为控制变量组，包括 FDI、研发投入、人力资本、金融发展、环境规制和产业结构等（变量选取及数据来源与第五章一致），σ_{it} 为随机误差项。

W_{ij} 表示 $n \times n$ 的非负空间权重矩阵。空间权重矩阵反映空间单元之间的相互依赖性和关联程度，合理选取空间权重矩阵对提高空间计量估计的有效性至关重要。现有研究大多采用邻接空间权重矩阵来衡量空间依赖性，即空间单元相邻，W 取 1，不相邻或自身则取 0（如李斌等，2015）。该矩阵通常假设不相邻的空间单元之间不存在空间依赖性，且某空间单元与其所有邻接单元影响权重相同，这显然违背了客观事实。例如，北京虽然只与天津和河北相邻，但不能简单认为北京只与这两个省份产生联系而同辽宁和山东等其他省份都没有关联。基于上述事实，部分学者采用地理距离标准来构建空间权重矩阵，以弥补传统邻接空间权重矩阵的不足。比如，张明和谢家智（2012）选取省会城市之间的球面距离平方的倒数来表征区域空间关联性。尽管地理区位差异能在一定程度上反映地区之间的空间相关性，但仍显粗略，也难以有效反映地区间经济存在空间依赖性的客观现实。于是，部分学者通过构造经济距离空间权重矩阵来刻画这种经济关系，具有代表性的如林光平等（2006）基于空间单元之间的经济影响是对等的假设，采用地区之间实际人均 GDP 差值的绝对值的倒数来设定经济距离空间权重矩阵。然而，实际上就两个邻近地区而言，经济发展水平较高的地区比经济发展水平较低的地区产生了更强的辐射作用，例如北京对河北的影响明显大于河北对北京的影响。因此，本书借鉴张嘉为等（2009）的思想，构建经济协动空间权重矩阵，即：

$$\begin{cases} W_e = W_{ij} \times diag(\bar{Y}_1/\bar{Y}, \bar{Y}_2/\bar{Y}, \cdots, \bar{Y}_n/\bar{Y}) \\ W_{ij} = \begin{cases} 1/std(\partial), i \neq j \\ 0, i = j \end{cases} \\ Y_{it} = \psi + \vartheta Y_{jt} + \partial \end{cases} \quad (6.8)$$

式（6.8）中，$\bar{Y} = (\sum_{tn}^{t_1} Y_{it})/(t_1 - t_0 + 1)$ 表示 i 地区样本区间内人均实际 GDP 的平均值，$\bar{Y} = (\sum_{i=1}^{n} \sum_{tn}^{t_1} Y_{it})/[n(t_1 - t_0 + 1)]$ 表示考察期内总人均实际 GDP 的均值，std 为标准差，它可通过 i 和 j 地区样本区间人均实际 GDP

· 119 ·

相互回归得到，∂表示随机误差项。若两地区人均实际GDP的相关性越强，则方程的拟合效果越好，残差波动范围越小，空间权重系数就越大；反之则越小。

第二节 经验检验与结果分析

一 区域差异结果分析

表6-1汇报了式（6.1）的系统GMM回归结果。观察表6-1可知，该模型估计的 *Wald* 值在1%水平下显著，*AR*（1）、*AR*（2）和 *Sargan* 检验的 *P* 值都大于1，说明扰动项差分不存在一阶、二阶自相关，工具变量选择是合理的，且模型设定具备有效性。同时，从核心解释变量系数来看，外商直接投资对中国绿色全要素生产率的影响存在明显的区域差异特征，并集中表现为沿海和内陆地区的外商直接投资对当地绿色全要素生产率增长产生了显著的正向影响，沿海地区的正向促进作用最大，内陆地区次之，而沿边地区的正效应不显著。本书对这一实证结果产生的原因分析如下：

作为改革开放"排头兵"的沿海地区凭借其优越的区位条件、丰富的人力资源和完善的工业配套等优势集中了跨国企业的在华研发、运营中心，这些外企倾向采用较为先进的生产技术、管理经验和治污技术，并通过竞争、示范—模仿和产业关联等效应带动当地企业采用清洁生产技术。这不仅有利于提高当地企业的资源利用效率和生产效率，还有助于降低本地环境污染水平，从而促进整个地区绿色全要素生产率的提升。同时，进入21世纪以来，部分沿海省份的第三产业发展迅猛，该地区的FDI投资领域也逐渐从传统的第二产业向现代服务业和新兴产业转移，这也有助于沿海地区的产业结构升级，并减轻当地的环境压力。此外，由于沿海地区环境规制水平的提升和劳动力成本逐步上升，一些劳动密集型低端制造业的外资企业为了降低生产成本，倾向将生产基地从中国沿海地区迁移到内陆地区或部分东南亚国家（地区）。在这种背景下，沿海地区的引资质量和外资投放结构都得到一定改善，并为该地区绿色全要素生产率的增长做出了较大的贡献。

相较沿海地区而言，内陆地区的外商直接投资流入较晚，但仍然是当前FDI产业转移的较大受益方。在这个过程中，该地区通过技术溢出获取了部分环保技术的转移和扩散，这也在一定程度上促进了当地绿色全要素生产率的提升。对于沿边地区来说，由于自然环境、地理区位和历史政策等缘故，该地区的经济发展水平仍相对较低，其对外商直接投资的吸引力也较弱，其较小的外商直接投资流入规模在一定程度上限制了FDI技术溢出效应的发挥（邓玉萍、许和连，2013）。同时，沿边地区为了吸引更多的FDI，并快速摆脱经济落后的面貌，部分省份不惜降低环境标准来吸引FDI，使其产业结构重污染化，这无疑给当地生态环境增添了新负担。其他控制变量的系数方向和显著性与全样本估计结果大体一致，在此不赘述。

表6-1　　　　FDI对中国GTFP影响的区域差异检验结果

变量	系数	标准误	z值
GTFP（-1）	0.8579***	0.1120	7.12
FDI	0.0796***	0.0233	3.41
INLAND×FDI	0.0573***	0.0117	4.90
BORDER×FDI	0.0135	0.0096	1.40
RDG	1.1634***	0.1655	7.03
HUM	0.0841	0.0881	0.95
FIN	0.0094**	0.0041	1.98
REG	-1.1554	0.8230	-1.40
IND	-0.1964*	0.1140	-1.73
Wald	1715.32***（0.0000）		
AR（1）	-0.4052（0.6853）		
AR（2）	-1.3386（0.1807）		
Sargan	29.3775（0.3936）		

注：*、**、***分别表示10%、5%和1%的显著性水平，Wald、AR（1）、AR（2）和Sargan检验的括号数值表示P值，模型估计使用Stata12.0统计软件。

二 空间收敛结果分析

（一）空间自相关检验

在运用空间计量方法检验中国绿色全要素生产率的收敛性以及外商直接投资对它的影响之前，首先须运用探索性空间数据分析方法，判断中国绿色全要素生产率是否存在空间自相关。若不存在，采用标准计量方法即可；若存在，方可采用空间计量方法。

一般而言，考察空间自相关性的方法主要有莫兰指数 I（Moran's I）和吉尔里指数 C（Geary's C）。由于前者比后者更少受偏离正态分布的影响（刘渝琳等，2015），因此，本书采用 Moran's I 指数分析法来判断中国绿色全要素生产率的空间自相关性，其计算公式如下：

$$Moran's I = \frac{\sum_{i=1}^{n}\sum_{j=1}^{n}W_{ij}(X_i - \bar{X})(X_j - \bar{X})}{S^2\sum_{i=1}^{n}\sum_{j=1}^{n}W_{ij}}, S^2 = \frac{\sum_{i=1}^{n}(X_i - \bar{X})^2}{n}, \bar{X} = \frac{\sum_{i=1}^{n}X_i}{n} \tag{6.9}$$

式（6.9）中，X_i 和 X_j 分别表示 i、j 地区的观测值，n 为地区数，W_{ij} 表示经济距离空间权重矩阵。Moran's I 指数的取值范围是 [-1, 1]：等于 0 表示不存在空间自相关；大于 0 表示空间正相关，包括位于第一象限的高值被高值包围和位于第三象限的低值被低值包围两种空间关联模式；小于 0 表示空间负相关，包括位于第二象限的低值被高值包围和位于第四象限的高值被低值包围的两种空间关联模式。Moran's I 指数的绝对值越大说明空间自相关性越强，反之则越弱。

通过对式（6.9）的计算，发现在大部分年份内中国绿色全要素生产率具有一定的正向空间相关性。因此，接下来可以进行空间计量分析。

（二）空间误差收敛回归结果分析

根据前文式（6.6）、式（6.7）及其估计方法，本书借助 Stata12.0 软件进行空间误差收敛回归分析，其估计结果如表 6-2 和表 6.3 所示。表 6-2 和表 6-3 同时给出了随机效应模型、空间固定效应模型、时间固定效应模型和双固定效应模型的估计结果，但究竟应选择随机效应模型还是固定效应模型，需要通过豪斯曼检验来判定。从表 6-2 和表 6-3 中豪斯曼统计量来看，可以接受随机效应的原假设。因此，本书选择随机效应模型进行分析。

从表 6-2 来看，在 β 绝对收敛模型中，$\ln(GTFP_{t-1})$ 的系数为负，且通过了 1% 的显著性检验，说明中国绿色全要素生产率存在明显的 β 绝对收敛。观察表 6-3 可知，相较 β 绝对收敛而言，加入控制变量后，β 条件收敛模型的 Log-likelihood 值有所提高，这在一定程度上表明 β 条件收敛模型的解释力更强。在 β 条件收敛模型中，$\ln(GTFP_{t-1})$ 的系数仍为负，且在 1% 水平下显著，说明中国绿色全要素生产率存在明显的 β 条件收敛，即中国各地区绿色全要素生产率的差异呈现逐步缩小的趋势。这可能是由于地区间的学习和模仿效应以及绿色全要素生产率的空间溢出效应综合促进了中国绿色全要素生产率的收敛。

在控制其他因素的情况下，外商直接投资（FDI）的系数为正，且通过了 1% 的显著性检验，表明 FDI 水平的提升促进了中国绿色全要素生产率的增长，且对区域间的收敛过程起着明显的正向促进作用。相关研究表明，通过大力引进外商直接投资，有利于中国借鉴国外先进的生产技术、管理经验和低碳技术，并提升国内企业的生产效率、能源利用效率以及降低二氧化碳的排放水平（乔晗等，2013）。而且伴随大量外商直接投资的涌入，外资企业采用的清洁生产技术对内资企业具有较强的示范—模仿效应，有助于当地环保事业的发展，尤其是外商直接投资具备一定的区域"环境技术溢出"特征（马大来，2015），这对于缩小地区之间的环保事业乃在绿色全要素生产率差距会起着正向作用。国内研发资本投入（RDG）、人力资本水平（HUM）和金融发展水平（FIN）的上升也有利于中国绿色全要素生产率的趋同，而产业结构（IND）则对中国绿色全要素生产率的收敛具有一定的抑制作用。

表 6-2　　　　　　　　空间误差收敛估计结果（β 绝对收敛）

变量	随机效应	空间固定效应	时间固定效应	双固定效应
$\ln(GTFP_{t-1})$	−0.0844*** (−3.15)	−0.1473*** (−6.78)	0.0802*** (6.16)	−0.1136*** (−5.01)
Spatial-lambda	0.6813*** (10.57)	0.6451*** (9.55)	−0.7354*** (−2.44)	0.6764*** (2.26)
Log-likelihood	668.0028	722.7618	679.3685	742.1164
Hausman	\multicolumn{4}{c}{−16.14}

注：*、**、*** 分别表示 10%、5% 和 1% 的显著性水平，括号内的数值为 z 值。

表6-3　　　　空间误差收敛估计结果（β条件收敛）

变量	随机效应	空间固定效应	时间固定效应	双固定效应
$\ln(GTFP_{t-1})$	−0.1707*** (−8.51)	−0.2249*** (−10.22)	0.0483*** (3.67)	−0.2576*** (−12.23)
FDI	0.0748*** (7.31)	0.0987*** (10.59)	0.0171*** (4.04)	0.1041*** (11.43)
RDG	0.7334*** (3.76)	1.1191*** (4.83)	−0.0023 (−0.02)	1.5369*** (7.53)
HUM	0.0613* (1.72)	0.6459*** (3.48)	0.0620* (1.66)	0.6731*** (3.75)
FIN	0.0204* (1.69)	−0.0249 (−0.82)	0.0216 (1.23)	−0.0281 (−0.93)
REG	−0.1707 (−1.30)	−1.3259 (−0.99)	−4.3259*** (−3.29)	−1.6708 (−1.29)
IND	−0.1114** (−2.57)	−0.1321** (−2.12)	0.0616** (2.34)	−0.1302*** (−3.16)
$Spatial\text{-}lambda$	0.5110*** (4.46)	0.7238*** (9.16)	−1.4647*** (−3.66)	1.4222*** (3.64)
$Log\text{-}likelihood$	718.8586	802.6483	716.6591	837.4914
$Hausman$	9.64（0.1408）			

注：*、**、***分别表示10%、5%和1%的显著性水平，除豪斯曼检验中括号数值为P值外，其他括号内的数值均为z值。

第三节　本章小结

本章在外商直接投资对中国绿色全要素生产率影响的总体检验基础上，继续利用2003—2014年中国省际面板数据，采用系统GMM方法，实证检验了外商直接投资对中国绿色全要素生产率影响的区域差异。同时，将空间效应引入普通收敛模型，并构建空间误差收敛模型，进一步考察了中国绿色全要素生产率的收敛性以及外商直接投资对它的影响。实证结果显示：外商直接投资对中国绿色全要素生产率的影响存在显著的区域差异特征，其具体表现为沿海和内陆地区的外商直接投资对绿色全要素生产率增长产生了积极影响，沿海地区的正向促进作用最大，内陆地区次之，而沿边地区的正效应不显著；中国绿色全要素生产率存在明显的 β 绝对收敛和 β 条件收敛，且外商直接投资水平的提升对中国绿色全要素生产率的收敛产生了显著的促进作用。

第七章
FDI 对中国 GTFP 影响的区域差异原因分析

第六章的研究结果表明，外商直接投资对中国绿色全要素生产率的影响存在明显的区域差异。那么，究竟是什么原因导致了这种差异呢？为规范检验此问题，本章尝试从理论判断出发，利用 2003—2014 年中国省际面板数据，并构建面板门槛模型，对引起这种差异的可能原因进行实证检验，以期为中国各级政府"找准病因""对症下药"提供一定参考。

第一节 理论分析

由于受自然环境、地理区位和历史政策等因素影响，中国不同地区在经济发展、研发投入、人力资本等方面可能存在一定差异，由此造成各区域形成了不同的吸收能力。实际上，高质量 FDI 的引入不仅为当地带来了先进生产技术和管理经验，还通过环境技术溢出效应改善当地环境质量，从而有利于当地绿色全要素生产率的提升。但要将此效应波及整个行业、地区乃至全国，需要一套优良的生产和环境技术吸收能力体系。部分跨越吸收能力因素门槛的地区，依靠其雄厚的经济技术基础以及消化能力可以有效吸收和利用跨国公司带来的清洁生产技术和治污经验，因而这些区域的 FDI 会对当地绿色全要素生产率产生显著的正向促进作用。而其他还未越过吸收能力因素门槛的地区可能会因吸收能力体系尚未完善，难以充分吸收国外先进环境技术溢出，进而弱化 FDI 对当地绿色全要素生产率的正效应。这也意味着 FDI 的绿色生产率溢出效应存在一定"门槛"特征，即当该地区的综合吸收能力达到一定阈值时，FDI 的正向绿色生产率溢出效应呈现出显著的跃升。然而，现有文献对 FDI 的绿色生产率溢出效应的门槛特征研究涉及极少，本书通过梳理相关文献，深入剖析 FDI 绿色生产率溢出效应的产生机制。从相关研究来看，该效应极可能因当地研发资本、人力资本和环境规制三个主要吸收能力因素的差异而产生。

一　研发资本因素

研发（R&D）投入强度是体现一个国家（地区）技术投入水平高低的重要特征之一。一般而言，如果一个国家（地区）的 R&D 投入水平越高，就越有利于这个国家（地区）集中更多的资源用于科技创新，推动技术进步以及经济发展方式向绿色化转型。同时，相关研究表明，外商直接投资对不同东道国（地区）的技术创新或全要素生产率影响存在差异，且这种差异主要由当地研发投入等吸收能力差异所导致。比如，Cohen 和 Levinthal（1989）认为 R&D 活动不但可以直接产生新的知识和技术，还有利于企业提高吸收能力，并从外部吸收更多的知识和技术溢出，从而进一步提升企业创新能力。Guellec 和 Van Pottelsberghe（2001）认为国内研发密度的提升可能对国外研发溢出效应产生正面影响。Keller（2004）的研究结果也表明，国内 R&D 投入水平越高，就越有利于吸收、消化国际技术溢出。符宁（2007）指出国内 R&D 投入等吸收能力因素会影响国际技术溢出对中国技术创新的作用效果。罗军和陈建国（2014）认为 FDI 对中国技术创新的影响显著存在基于 R&D 投入的双门槛效应，即 R&D 资金投入较低的地区，其 FDI 对当地技术创新产生了负向作用；R&D 资金投入较高的地区，其 FDI 对当地技术创新具有较弱的正向作用；R&D 资金投入高的地区，其 FDI 对当地技术创新产生了显著的正向影响。罗军（2016）基于 2003—2011 年中国制造业数据，从 R&D 经费和 R&D 人员投入两个角度，进一步系统考察了 FDI 前向关联对中国技术创新影响的门槛效应，发现在 FDI 前向关联作用于中国制造业技术创新过程中，R&D 经费和 R&D 人员投入扮演着重要的角色。在 FDI 进入程度较高的制造业中，FDI 前向关联对制造业技术创新产生了正向作用，且这种正面影响会随着 R&D 经费投入、R&D 人员投入水平的提升而日益凸显。白俊红和吕晓红（2015）则从环境角度考察了 FDI 对东道国环境污染影响的研发投入门槛效应，其研究结果表明，FDI 的环境效应显著存在基于研发投入的单门槛特征，即 FDI

对东道国环境质量的改善作用会随当地研发投入的增加而日益增强。这也意味着，FDI 对东道国绿色全要素生产率的影响可能存在基于当地研发资本投入的门槛效应。

二 人力资本因素

一个地区的综合消化吸收能力不但取决于物质和技术条件，而且有赖于该地区整体人力资本水平。一般而言，地区人力资本水平越高，意味着这一地区公民的整体知识素质和技能水平越高，也就越有助于外资企业采用集约化的生产方式以及开展环保技术创新活动，从而有利于当地绿色全要素生产率的提升。因此，一个地区的人力资本水平就成为影响 FDI 的绿色生产率溢出效应的另一个重要因素。一方面，部分学者从生产率角度，研究了东道国人力资本水平对 FDI 生产率溢出效应的影响。例如，Borensztein 等（1998）较早地研究了 OECD 国家对发展中国家的直接投资，其研究结果表明，只有当东道国人力资本水平这一吸收能力达到一定阈值时，FDI 的技术溢出才会显现，并推动当地经济增长。Xu（2000）在考察美国对 40 个国家（地区）的直接投资后，认为其直接投资对经济发达的东道国产生了明显的技术溢出效应，而对经济欠发达的东道国的溢出效应则不显著。他进一步分析了这一结果的原因，即 FDI 技术溢出的有效发挥受东道国人力资本水平的制约，发达经济体的高人力资本能够吸收和消化 FDI 的技术溢出，并推动当地全要素生产率增长。国内学者沈坤荣和耿强（2001）、王志鹏和李子奈（2004）、张宇和蒋殿春（2007）等利用交叉项检验方法，考察了东道国人力资本对 FDI 技术溢出效应的影响，发现东道国人力资本水平越高，越有利于 FDI 技术溢出效应的发挥。张宇（2008）、杨俊等（2009）、何兴强等（2014）等学者构建门槛回归模型，实证检验了东道国人力资本对 FDI 技术溢出效应的影响，其结果显示，FDI 技术溢出效应显著存在基于当地人力资本的门槛效应，即 FDI 的技术溢出效应随着东道国人力资本水平的提升而日益凸显。另一方面，一些学者从环境角度，考察了东道国人力资本对 FDI 环境效应的影响。比如，刘渝琳和温怀德（2007）利用分组检验法，研究了东道国人力资本在 FDI 影响当地环境质量过程中的作用，并认为只有人力资本达到一定阈值，才能有效吸收 FDI 技术溢出，并对本地环境产生正效应。李子豪和刘辉煌（2012）、李子豪和刘辉煌（2013）、白俊红和吕晓红（2015）利用门槛回归方法，检验了东道国人力资本对 FDI 环境效应的影响，发现 FDI 对东道国环境的影响显著存在基于当地人力资本的门槛效应，人力资本水平越高，就越有利于 FDI 对东道国环境质量的改善。基于此，本书认为 FDI 对东道国绿色全要素生产率的影响可能存在基于当地人力资本的门槛效应。

三 环境规制因素

传统观点认为环境规制可能抬高企业生产成本，并降低企业生产效率和削弱其行业竞争力（Gollop and Roberts，1983）。然而，"波特假说"认为合理的环境规制在变动约束条件下可以激发被规制企业的技术创造性，从而产生"补偿"效应，该效应能够部分甚至全部抵消企业的"遵循成本"，最终敦促其提高资源利用率以及生产和环境技术，并有助于企业生产率的提升（Porter and Linde，1995）。自"波特假说"提出之后，学术界便围绕该理论，对环境规制、FDI、绿色全要素生产率（或环境污染）之间的关系展开了讨论。一是环境规制与绿色全要素生产率的关系研究。李玲和陶锋（2011）认为环境规制强度的提升显著促进了绿色全要素生产率增长。而陈超凡（2016）、吴建新和黄蒙蒙（2016）认为环境规制对中国绿色（环境）全要素生产率的增长产生了负面影响，即环境规制对绿色全要素生产率增长影响尚未跨越"波特拐点"。针对上述分歧，部分学者认为环境规制与绿色全要素生产率之间存在非线性关系。殷宝庆（2012）从国际垂直专业视角考察了环境规制对中国制造业绿色全要素生产率之间的关系，发现二者呈"U"形关系，即随着环境规制强度逐渐提升，绿色全要素生产率会经历先下降后上升的过程。刘和旺和左文婷（2016）的研究结论恰好相反，他们认为环境规制和绿色全要素生产率之间的关系呈倒"U"形特征，即绿色全要素生产率会随环境规制水平的提升而呈现先升后降的态势。二是 FDI、环境规制与环境污染三者之间的关系。史青（2013）和李国平等（2013）认为较为宽松的环境规制显著吸引了 FDI，而外资的进入加剧了环境污染。就此而言，环境规制的宽松程度直接关系到该地区是否能够吸引 FDI，并影响当地环境质量。三是环境规制、FDI 与绿色全要素生产率之间的关系。原毅军和谢荣辉（2015）认为严格的环境规制可以有效提升 FDI 进入的环境门槛，并对其起着"筛选"作用，进而促进绿色全要素生产率增长。这也意味着,环境规制在 FDI 对东道国绿色全要素生产率影响过程中扮演着重要角色,且不同的环境规制水平对 FDI 的绿色生产率溢出效应的影响可能有所不同。

第二节 模型设定与估计方法

一 模型设定

本书在第五章式(5.3)的基础上,借鉴 Hansen(1999)的思想,分别以研发投入、人力资本和环境规制为门槛变量,建立如下面板门槛模型,以考察外商直接投资对中国绿色全要素生产率影响的门槛效应。

$$
\begin{aligned}
GTFP_{it} = & \alpha_1 FDI_{it} I(RDG_{it} \leq k_1) + \alpha_2 FDI_{it} I(k_1 < RDG_{it} \leq k_2) \\
& + \cdots + \alpha_n FDI_{it} I(k_{n-1} < RDG_{it} \leq k_n) + \alpha_{n+1} FDI_{it} I(RDG_{it} > k_n) \\
& + \lambda Control_{it} + \mu_i + \varepsilon_{it}
\end{aligned}
\quad (7.1)
$$

$$
\begin{aligned}
GTFP_{it} = & \beta_1 FDI_{it} I(HUM_{it} \leq \theta_1) + \beta_2 FDI_{it} I(\theta_1 < HUM_{it} \leq \theta_2) \\
& + \cdots + \beta_n FDI_{it} I(\theta_{n-1} < HUM_{it} \leq \theta_n) + \beta_{n+1} FDI_{it} I(HUM_{it} > \theta_n) \\
& + \phi Control_{it} + \eta_i + \varphi_{it}
\end{aligned}
\quad (7.2)
$$

$$
\begin{aligned}
GTFP_{it} = & \lambda_1 FDI_{it} I(REG_{it} \leq m_1) + \lambda_2 FDI_{it} I(m_1 < REG_{it} \leq m_2) \\
& + \cdots + \lambda_n FDI_{it} I(m_{n-1} < REG_{it} \leq m_n) + \lambda_{n+1} FDI_{it} I(REG_{it} > m_n) \\
& + \chi Control_{it} + \vartheta_i + \delta_{it}
\end{aligned}
\quad (7.3)
$$

式(7.1)、式(7.2)、式(7.3)中,i、t 分别表示省份和时间;$GTFP_{it}$ 表示绿色全要素生产率;FDI_{it} 为核心解释变量(门槛依赖变量),表示外商直接投资;$I(\cdot)$ 为示性函数;RDG_{it}、HUM_{it} 和 REG_{it} 为门槛变量,在这里依次为研发资本、人力资本和环境规制水平;$Control_{it}$ 为控制变量组;$k_1, k_2, \cdots, k_n$、$\theta_1, \theta_2, \cdots, \theta_n$、$m_1, m_2, \cdots, m_n$ 为 n 个不同水平的门槛值,$\alpha_1, \alpha_2, \cdots, \alpha_{n+1}$、$\beta_1, \beta_2, \cdots, \beta_{n+1}$、$\lambda_1, \lambda_2, \cdots, \lambda_{n+1}$ 为不同门槛水平下 FDI 对中国绿色全要素生产率影响的系数,μ_i、η_i、ϑ_i 为不随时间变化的省域截面的个体效应,ε_{it}、φ_{it}、δ_{it} 为随机扰动项。

二 估计方法

对式（7.1）、式（7.2）、式（7.3）进行估计，需要重点解决两项问题：一是检验门槛效应的显著性和门槛值的真实性；二是联合估计门槛值和斜率值。本书以式（7.1）为例，介绍其估计方法，式（7.2）和式（7.3）的估计方法以此类推。对于式（7.1），首先将任意的 k_0 作为初始值赋予 k，采取 OLS 估算各变量系数和相应残差平方和 $S_1(k)$。同理，在 k 取值范围内依次选取多个 k_0，估算得到多个不同的 $S_1(k)$，使 $S_1(k)$ 最小的就是门槛值 $\hat{k}$，即 $\hat{k} = \arg\min S_1(\hat{k})$。确定门槛值以后，可知 $\hat{\sigma}_1^2 = S_1(\hat{k})/[n(T-1)]$，其中，$n$ 表示样本数，T 表示时间维度，根据门槛值可以估算出相应的斜率值。

然后，校验门槛效应的显著性。鉴于单、双门槛及多门槛效应的显著性检验类似，本书仅汇报单门槛效应显著性检验方法，其原假设和检验统计量如下：

$$H_0: \alpha_1 = \alpha_2 \qquad F_1 = (S_0 - S_1(\hat{k}))/\hat{\sigma}_1^2 \qquad (7.4)$$

若拒绝原假设，则存在门槛效应。其中，S_0、$S_1(\hat{k})$ 分别表示原假设（无门槛）和门槛条件下的残差平方和，且 $S_0 \geq S_1(\hat{k})$，$\hat{\sigma}_1^2$ 表示门槛估计残差的方差。由于在原假设下门槛值无法识别，且统计量 F_1 属非标准 χ^2 分布，依赖于样本距，难以对其临界值列表，故采用"自助法"（bootstrap）模拟其渐进分布，并构造其对应概率值。

接下来，进一步检验门槛值的真实性。单门槛条件下的原假设和似然比检验（LR）的统计量分别为：

$$H_0: \hat{k} = k_0 \qquad LR_1(k) = (S_1(k) - S_1(\hat{k}))/\hat{\sigma}_1^2 \qquad (7.5)$$

式（7.5）中的 $S_1(k)$ 表示非约束下的残差平方和，尽管 $LR_1(k)$ 仍然为非标准分布，但其累积分布函数为 $(1-e^{-x/2})^2$，能够直接估算其临界值。同时，Hansen（1999）估算出了其拒绝区间，即当显著性水平为 ξ 时，且 $LR_1(k) > -2\ln(1-\sqrt{1-\xi})$ 时，拒绝原假设。

第三节 经验检验与结果分析

根据上文的实证模型和估计方法，本书运用 Stata12.0 软件进行门槛回归分析。接下来，本书将从研发资本、人力资本和环境规制三个方面系统分析外商直接投资对中国绿色全要素生产率影响的门槛效应，并探测引发外商直接投资的正向绿色生产率效应的相关吸收能力因素的具体门槛水平。

一 研发资本门槛回归分析

（一）"门槛条件"检验

本书首先对式（7.1）进行"门槛条件"检验，以确定研发资本门槛模型的具体设定形式，其检验结果见表 7-1。观察表 7-1 可知，单门槛模型通过了 10% 的显著性检验，拒绝了线性模型的原假设，但双门槛检验无法有效拒绝单门槛模型的原假设，说明门槛模型的最优门槛值个数为 1，于是本书选择单门槛模型进行计量分析。

表 7-1   "门槛条件"检验结果（研发资本）

门槛变量	假设检验	F 值	P 值	10% 临界值	5% 临界值	1% 临界值
研发资本	H0：线性模型 H1：单一门槛	35.8688*	0.0821	33.9704	39.7037	56.5595
	H0：单一门槛 H1：双重门槛	34.8622	0.1200	36.8444	44.3527	57.8193

注：*、**、*** 分别表示 10%、5% 和 1% 的显著性水平，临界值与 P 值均采取 Bootstrap 法模拟 1000 次得到，H0、H1 分别表示原假设和备择假设。

（二）门槛估计值与置信区间

"门槛条件"通过检验后，需要识别研发资本门槛模型中的具体门槛值。表 7-2 汇报了门槛值的点估计值及其对应的 95% 置信区间。从表 7-2 来看，门槛值对应的 95% 置信区间范围较窄，门槛值的识别效果较为显著。此外，当门槛值位于对应的置信区间内时，LR 值小于 5% 显著性水平的临界值，说明这个门槛值具有一定的真实性。

表 7-2　　　　　　　　门槛估计值与置信区间（研发资本）

门槛变量	门槛估计值	95% 置信区间
研发资本	0.0861	[0.0609, 0.0887]

（三）门槛回归结果分析

门槛值确定之后，便可对单门槛模型进行参数估计，其估计结果见表 7-3。从表 7-3 来看，当研发资本投入水平未跨越门槛值时，FDI 的系数为 0.0247，但统计上不显著；当研发资本投入水平越过门槛值后，FDI 的系数增大为 0.0721，且通过了 1% 的显著性检验。由此可见，不同研发资本投入水平下 FDI 对当地绿色全要素生产率的影响存在一定差异。而且 FDI 对中国绿色全要素生产率的影响显著存在基于当地研发资本投入的单门槛效应。即当研发资本投入水平位于门槛值之下时，FDI 对当地绿色全要素生产率的正向促进作用不明显；当研发资本投入水平跨越了相应门槛值之后，FDI 对当地绿色全要素生产率产生了显著的正向影响。

导致上述实证结果的可能原因是，FDI 对中国绿色全要素生产率的影响不但取决于 FDI 自身的情况，还受到当地研发资本投入这一重要吸收能力因素的影响。当地区研发资本水平较低时，本地用于技术创新的资源有限，可能难以有效吸收消化 FDI 带来的先进生产、环境技术以及管理经验等方面的溢出，进而容易弱化 FDI 对当地绿色全要素生产率的正向作用。当地区研发资本投入水平较高时，意味着该地区拥有更多的资源用于技术创新，这些资源可以直接用于环保技术的研发、先进生产设备和环保设备的购置，从而有利于当地绿色技术进步和绿色技术效率的提升。同时，为了更好地学习和吸收 FDI 的先进生产和环境技术溢出，当地企业需要开展相应的人员培训、设备购置、技术改造甚至兼并重组等，而强大的研发资本投入恰好可以为企业的技术学习和创新提供强力支持，增强其对 FDI 技术溢出的吸收能力和竞争实力，提高企业绿色全要素生产率，而且这一过程也会通过产业关联效应推动整个地区的绿色全要素生产率增长。

表 7-3　　　　　　　　　门槛模型估计结果（研发资本）

变量	系数	标准误	t 值
FDI（1）	0.0247	0.0221	1.12
FDI（2）	0.0721***	0.0274	2.64
HUM	2.7875***	0.4847	5.75
FIN	0.2318***	0.0654	3.54
REG	5.1102	3.8324	1.33
IND	−0.5441***	0.1111	−4.90

注：*、**、*** 分别表示 10%、5% 和 1% 的显著性水平，FDI（1）、FDI（2）分别表示研发资本低于、高于门槛值时，FDI 对中国绿色全要素生产率的影响。

二　人力资本门槛回归分析

（一）"门槛条件"检验

为了锁定人力资本门槛模型的具体设定形式，本书利用 Hansen（1999）提出的 F 统计量对式（7.2）进行"门槛条件"检验，具体检验结果如表 7-4 所示。从表 7-4 中的 F 值来看，单门槛模型在 1% 水平下显著，而双门槛模型未通过显著性检验，这也表明 FDI 对中国绿色全要素生产率的影响显著存在基于人力资本的单门槛效应。因此，本书选择单门槛模型展开分析。

表 7-4　　　　　　　"门槛条件"检验结果（人力资本）

门槛变量	假设检验	F 值	P 值	10% 临界值	5% 临界值	1% 临界值
人力资本	H0：线性模型 H1：单一门槛	66.4950***	0.0060	33.7474	40.8142	62.0095
	H0：单一门槛 H1：双重门槛	28.6911	0.1900	46.8231	54.0976	67.4352

注：*、**、*** 分别表示 10%、5% 和 1% 的显著性水平，临界值与 P 值均采取 Bootstrap 法模拟 1000 次得到，H0、H1 分别表示原假设和备择假设。

（二）门槛估计值与置信区间

"门槛条件"通过检验后，需要估计人力资本单门槛模型的具体门槛值和置信区间（见表 7-5）。由表 7-5 可知，在 95% 置信区间内，本书获得的人力资本门槛值为 0.0012。与此同时，当门槛值位于对应的置信区间时，LR 值小于 5% 显著性水平的临界值，且位于原假设接受域，说明人力资本门槛模型的门槛值等同实际门槛值。

表7-5　　　　　　　门槛估计值与置信区间（人力资本）

门槛变量	门槛估计值	95% 置信区间
人力资本	0.0012	[0.0009, 0.0013]

（三）门槛回归结果分析

门槛值估计出来之后，需要进一步估计单门槛模型的各变量参数，其估计结果见表 7-6。观察表 7-6 可知，当人力资本水平低于门槛值时，*FDI* 的系数为 0.0144，但未通过显著性检验，FDI 对当地绿色全要素生产率的正效应不显著；当人力资本水平高于门槛值时，*FDI* 的系数提高至 0.6609，且通过了 1% 的显著性检验，FDI 显著促进了当地绿色全要素生产率增长。以上结果充分说明 FDI 对中国绿色全要素生产率的影响显著存在基于人力资本的门槛特征，即 FDI 对中国绿色全要素生产率的正向影响会随着当地人力资本水平的提升而日益凸显。

关于为何人力资本水平越高，FDI 对当地绿色全要素生产率的正向促进作用越明显的问题，本书认为可能的原因是：一般而言，知识和技术主要以人力资本为载体，且一定的国内人力资本水平对应国内一定的产业技术水平和 FDI 技术水平。按照 FDI 产业选择利润最大化原理，在人力资本水平较低时，吸收低技术水平 FDI 的可能性最大，而低技术水平对应低环保技术是比较合理的经济和技术行为（刘渝琳、温怀德，2007）。另外，即使吸收的 FDI 水平高，资源消耗和生产排污少，也会因较低的人力资本水平难以吸收 FDI 技术外溢而导致国内环境污染有增无减，从而不利于当地绿色全要素生产率增长。与之相反，地区人力资本水平较高，更容易吸引高质量、清洁型 FDI，且更能够有效吸收消化 FDI 的生产技术和环境技术溢出，并在此基础上进一步改良、创新技术，进而有效推动当地绿色全要素生产率的提升。

表7-6　　　　　　　　　门槛模型估计结果（人力资本）

变量	系数	标准误	t值
FDI（1）	0.0144	0.0265	0.54
FDI（2）	0.6609***	0.0819	8.07
RDG	0.1009*	0.0585	1.73
FIN	0.2946***	0.0645	4.57
REG	−4.5576	3.7463	−1.22
IND	−0.4872***	0.1084	−4.50

注：*、**、***分别表示10%、5%和1%的显著性水平，FDI（1）、FDI（2）分别表示人力资本低于、高于门槛值时，FDI对中国绿色全要素生产率的影响。

三　环境规制门槛回归分析

（一）"门槛条件"检验

本书首先利用Hansen（1999）提出的F统计量对式（7.3）进行"门槛条件"检验，以确定环境规制门槛模型的具体设定形式，其检验结果见表7-7。观察表7-7中的F值可知，单门槛模型通过了5%的显著性检验，拒绝了线性模型的原假设，但双门槛检验难以拒绝单门槛模型的原假设，说明环境规制门槛模型的最优门槛值个数为1。因此，本书选择单门槛模型进行计量分析。

表7-7　　　　　　　"门槛条件"检验结果（环境规制）

门槛变量	假设检验	F值	P值	10%临界值	5%临界值	1%临界值
环境规制	H0：线性模型 H1：单一门槛	21.0243**	0.0340	15.3828	19.6800	25.6400
	H0：单一门槛 H1：双重门槛	6.6055	0.4580	13.8768	18.4097	24.8546

注：*、**、***分别表示10%、5%和1%的显著性水平，临界值与P值均采取Bootstrap法模拟1000次得到，H0、H1分别表示原假设和备择假设。

（二）门槛估计值与置信区间

"门槛条件"检验通过后，本书借助Hansen（1999）提出的LR统计量对环境规制门槛值及其真实性进行检验。表7-8显示了具体门槛值及其对应的95%置信区间。观察表7-8可知，在95%置信区间内，本书获取的环境规制门槛值为 0.0004，且 LR 值小于 5% 显著性水平的临界值，由此可判断，该门槛值具有一定的真实性。

表 7-8　　　　　　　门槛估计值与置信区间（环境规制）

门槛变量	门槛估计值	95% 置信区间
环境规制	0.0004	[0.0004, 0.0005]

（三）门槛回归结果分析

门槛值确定之后，便可对单门槛模型进行参数估计，其估计结果见表 7-9。从表 7-9 来看，当环境规制水平低于门槛值时，FDI 的系数为 0.0060，但不显著，FDI 对当地绿色全要素生产率的正向影响并不明显；当环境规制水平跨越门槛值后，FDI 的系数增大至 0.1048，且在 1% 水平下显著，FDI 对当地绿色全要素生产率产生了显著的正向促进作用。这说明 FDI 对中国绿色全要素生产率的影响并非完全是线性的，而是显著存在基于环境规制水平的单门槛效应。只有适度提升环境规制水平，才有利于 FDI 的正向绿色生产率溢出效应的发挥。

究其原因，可能是当一个地区的环境规制比较宽松时，在"搭污染便车"可以直接为外企带来利益的情况下，外企对采用领先生产技术和环境技术创新的积极性可能下降，从而导致 FDI 对绿色全要素生产率的正向促进作用不明显。如果适度提高环境规制，不但能够直接限制污染型 FDI 的流入，还会促使已进入的 FDI 实行清洁生产，降低环境污染水平，从而有利于绿色全要素生产率提升。此外，合理的环境规制在变动约束条件下可以激发外企的技术创造性，从而产生"补偿"效应，该效应能够部分甚至全部抵消外企的"遵循成本"，最终敦促其提高资源利用率和环境生产技术，并有助于绿色全要素生产率的增长。

表 7-9　　　　　　　门槛模型估计结果（环境规制）

变量	系数	标准误	t 值
FDI（1）	0.0060	0.0276	0.22
FDI（2）	0.1048***	0.0362	2.90
RDG	0.2027*	0.1055	1.93
HUM	2.2878***	0.5457	4.19

·续表·

变量	系数	标准误	t 值
FIN	0.2541***	0.0675	3.77
IND	−0.6328***	0.1126	−5.62

注：*、**、*** 分别表示 10%、5% 和 1% 的显著性水平，FDI（1）、FDI（2）分别表示环境规制低于、高于门槛值时，FDI 对中国绿色全要素生产率的影响。

第四节 本章小结

本章利用 2003—2014 年中国省际面板数据，并借鉴 Hansen（1999）的面板门槛回归技术，以研发资本投入、人力资本水平和环境规制水平为门槛变量分别构建面板门槛模型，实证检验了 FDI 对中国绿色全要素生产率影响的区域差异的原因。实证结果表明，地区不同的研发投入、人力资本和环境规制水平是导致 FDI 对中国绿色全要素生产率的影响产生区域差异的重要原因，且 FDI 对中国绿色全要素生产率的影响显著存在基于研发资本投入、人力资本水平和环境规制水平的单门槛效应。研发资本投入、人力资本水平越高，FDI 对中国绿色全要素生产率的正向影响越显著。同时，适度提高环境规制水平，也有助于 FDI 对中国绿色全要素生产率的正向促进作用的有效发挥。

第八章
FDI 驱动中国 GTFP 增长的机制设计

本章基于前文外商直接投资影响绿色全要素生产率的传导路径分析,从外商直接投资加速资本积累、促进技术吸纳、规避环境污染三个方面设计其促进中国绿色全要素生产率增长的长效机制,以期帮助中国各级政府引进外资"开出良方"。

第一节 FDI 加速资本积累的长效机制

对于如何充分发挥外商直接投资的挤入效应,在经济全球化和金融化背景下积极融入国际资本积累之中,最大限度地从国际资本形成中获益,并尽可能规避外商资本对本国国内资本形成的挤出效应,本书认为应从以下几个方面寻找破题思路。

一 动态监管机制

首先应注重监管立法的动态更新。在立法观念上应实现从普惠性立法到审查性立法的转变,并通过全面客观梳理外商投资的相关法律法规,并形成统一的外商直接投资法典,进而取代各种单行地方法规和行业法规,同时,坚持公平竞争、公开透明和国民待遇的基本原则,逐步取消外商直接投资立法中内外有别的"双轨制",且以符合国内法律法规政策为基准建立健全公开公正的外商来华投资程序,从而为发挥外商直接投资的挤入效应提供稳定健康的市场秩序。

其次应做到监管重点的动态跟踪。对于来华外商直接投资的监管重点应根据其资本形成效应进行动态跟踪。一方面，在技术和资金壁垒较高的行业领域，由于国内企业尚不具备充足的竞争力与外资进行抗衡，此时可以结合实际引进多家具有产品竞争属性的企业同时进入国内市场，对于一些自然垄断性企业转为开放竞争企业时也应适时考虑竞争因素，要尤为关注相关价格及收益率的决定机制和监督方式，以有效规避具有资本优势的外商直接投资对国内资本形成挤出效应。另一方面，针对于外商直接投资的跨国并购和垄断经营行为，也应通过构建跨国并购法律法规体系的基本框架，积极引进和培养监管人才，借鉴发达国家监管外资并购的实践经验，以合理规范跨国并购主体的投资行为。在必要情况下可以采取强制性股权转让、市场份额限制、产品定价干预等方式消除已经出现的外资垄断现象，进而提高国内利用外商直接投资的质量和效益。

最后还应保持监管政策的持续性、稳定性和可预期性。Kydland 等学者提出的"经济政策一致性"理论认为，一国（地区）政府在制定经济政策的初期需要充分考虑其长期稳定性，并有效防范投资者因对政府政策公信力产生怀疑而改变投资行为，进而避免影响国内资本市场的健康发展。因此在外商直接投资监管政策的设计及执行中应保持政策方向基本稳定、政策内容适时更新、政策效果及时跟踪，并使其有效服务于国内资本形成的过程。

二　内企成长机制

提高国内微观市场主体的自生能力，形成可以与外资企业相竞争的内资企业发展格局，是提高国内市场竞争性，有效防范外资垄断的重要路径。同时，深化国内经济体制改革，提高国内企业的市场竞争力，完善内企成长机制，对于提升国内资本形成效率，创造内部条件抑制外资的挤出效应具有重要作用。因此，需要做好以下两方面的工作：

一方面，应进一步加快国有企业改革进程，释放国有企业发展活力，并通过改革经营体制、硬化市场约束、完善市场规则，来夯实国内微观经济主体有效融资的制度基础，从而推动国有企业生产和融资效率的协同提升。具体来看，要以建立政企分开、产权明晰的治理结构和管理制度为改革目标，以产权制度改革为重点，对各类国有企业采取联合、兼并、租赁、拍卖、股份化等改造手段，发挥资本的规模集聚效应，针对性地提高存量投资的效率和质量。

另一方面，还应适时培育具有国际竞争力的跨国公司，不断开拓资本形成的国际发展空间，有效提高国内资本的利用效率，合理规避外商资本对本国国内资本形成的挤出效应。就一定程度而言，大型国内企业的跨国经营是本国资本面临全球范围内资本竞争的有力武器，也是衡量一国经济实力和国际竞争力的重要标志。要想抵消外商直接投资对国内资本形成的挤出效应，必须通过国内企业"走出去"占领全球资本市场份额，并为国内资本形成提供良好的外部环境。具体来看，应通过学习世界先进企业在生产经营、运营管理、技术开发等方面的经验，打造一批拥有国际竞争优势的大型企业集团，尤其重视中国企业的集团化组建以及系统整合，促进内资企业在规模、组织和产业结构方面同中国现有生产能力相适应（侯泽媛，2005），从而保证中国企业在经济全球化快速发展的背景下有效应对国际资本的激烈竞争，为加速国内资本积累奠定良好的基础条件。

三 金融支撑机制

Mckinnon 等的金融深化理论认为，在资本形成金融化的发展过程中，发展中国家应聚焦于推动金融深化，摆脱对国际资本的过分依赖，不断提升国内资本形成的整体效率。进一步从一国金融体系的健康发展视角来看，外商直接投资引进的目的主要在于刺激国内金融体系更加充分地应用国内金融资本，提高国内资本积累的竞争力。因此，为了实现加速国内资本积累的目标，不可避免地要通过加快国内金融体制改革，维护国内金融市场秩序，完善国内融资渠道，提升国内金融中介的运行效率，为国内资本形成构建良好的金融支撑机制。其具体包括以下两个方面：

一方面，要完善国内资本市场，扩充直接投融资渠道，使其服务于国内资本形成过程。健康有序的直接融资市场有助于企业公平公正募集资金，降低其负债率并增加投资获利机会。这不仅有赖于继续推进金融组织体制改革，扩大资本市场规模，健全资本市场法律法规，尤其是要处理好股权分置操作问题，完善上市公司的一整套监管制度。同时更要重视居民用储蓄直接进行的实质性投资，通过政策优惠促进民营投资购买、兼并和租赁中小型国有企业，适当增加对个体经济的信贷扶持，扩大对中低消费群体购买耐用消费品的消费信贷扶持，并着力提升居民的实物投资占比。

另一方面，要进一步加快银行商业化改革，提高间接投融资市场效率，为国内资本积累提供良好的体制机制环境。以市场化原则构建的投融资制度的关键在于减少行政干预行为，让商业银行真正成为拥有自主投资决策权的独立市场主体。而国有独资银行应基于独立财物清理，全面推进产权和治理结构改革，完善考核体系，推动股权投资多元化，并努力降低不良资产负债率。在确保国有商业银行主导地位的同时，应鼓励非国有银行以及证券、保险、信托、金融公司等非银行性金融机构积极发展投融资业务，形成多元合理的金融中介服务机制。非国有金融机构产权明晰、激励约束机制健全的优势有利于打破金融垄断，并逐步构建全国性和地方性、专业化和全方位服务、不同所有制并存的大中小金融组织体系，让居民可以在众多金融资产中展开理性选择，并将资本形成性和一般货币性储蓄进行分离，从而丰富从储蓄到投资的转化路径（侯泽媛，2005）。

第二节 FDI 促进技术吸纳的长效机制

充分吸纳外商直接投资所带来的技术溢出效应，不仅需要在政策层面构建技术扩散的诱导机制，还需要完善国内与之配套的产业对接机制，同时要进一步建立健全人才培育机制，从而使国内企业能够充分吸纳外商直接投资带来的技术转移与技术资本，进而在此基础上进行本土创新和发展。

一 政策诱导机制

就远期发展而言，一国（地区）产业技术水平的提高需以自主创新为基础，然而从现阶段来看，通过引进大规模的外商直接投资来促进先进技术的消化吸收，依然是充分发挥技术外溢效应的一个重要手段。为此必须建立针对性的政策诱导机制，使外资技术能够为我所用，并且发挥出最大效益，同时在此基础上引导国内企业进行自主创新，尽快缩小与发达国家的技术差距。其主要体现在以下几个方面：

一是要进一步优化外商投资环境，针对投资技术扩散过程中存在的现实问题，需要加大政策护航力度，有效保护投资主体的知识产权和研发成果，全面提升与之配套的公共服务水平，从而放大其对中国技术创新的"溢出效应"（任金峰，2005）。二是要结合发展实际和发展阶段，适时、针对性地提高技术准入门槛，维持跨国企业相关转移技术的先进性，同时要辅之以适当的财税和产业政策，引导国内产业结构调整方向，通过进入关联性强、带动作用明显的行业，来细化国内国外产业分工与整合，为充分利用技术溢出创造良好的外部条件。三是要加强对外商直接投资技术转移的市场监管，防范因不正当兼并收购而导致的对本土企业的"技术挤出"。四是也是最为根本的，要进一步推进本土企业自主创新力度，尽快形成能够与国外技术转移相对接的研发环境。要实现这一目标在现阶段需充分发挥政府采购政策的诱导作用，凸显出对于本土企业技术能力成长的阶段性扶持，充分结合国家经济发展和战略安全需要，集中政府资金优势，推动部分处于技术生命周期起步阶段的战略性技术的快速发展。在此过程中还应注意与外商直接投资的"技术供给者"之间形成竞争态势，注重战略性技术的多元化发展，提高政府在加快技术扩散和引导技术创新中的主动权，并可以激发潜在"技术创新者"针对此项技术开展相应的技术研发活动，进而增加全国的技术创新规模。

二　产业对接机制

外资先进技术的转移、吸纳、消化需要国内与之配套的产业基础进行对接，外资企业与本土企业的技术差距越小，相互建立产业关联的难度就越小，这样本土企业从中获取的技术溢出就越明显。因此在技术吸纳过程中不断完善国内产业对接机制，培植国内产业对接基础，推动企业成为技术溢出的重要载体和自主创新的主体显得尤为重要。

构建完善有效的产业对接机制，重点应做好以下几个方面的工作：一是强化国内产业发展的立法工作，争取通过制定相关条例，健全高技术产业政策体系，推动相关政策的衔接工作，形成扶持国内高技术产业发展的政策合力。二是设立国家主导型的风投基金，并努力拓宽其他技术创新投融资渠道，增加资金来源和规模，缩小与世界发达国家的技术差距。三是增加科研投入，让研发经费增速适度高于其增幅。同时，加大科研基础性工作经费投入力度，将有限财力优先投向高科技领域和前瞻性新产业，从而推动某些产业或产业发展某些阶段的技术跨越。四是打造国内大型企业集团，充分运用本国的各种比较优势，利用政府政策和市场机制，有效整合社会资源，发挥跨行业、跨部门和跨区域的协同作用，以更大的规模和实力展开竞争和合作，进而加速其技术溢出速度，共同推动本土企业自主技术研发与创新能力的提升。五是着力发展以民营企业为主的本土经济成分企业，鼓励其通过生产配套产品来提升自身技术创新能力和效率，并将它们培育成中国技术创新的一个重要增长点。六是还要扶持支柱产业、重点行业和大中型企业组建各类科研院所，加强对各级高新区的投入，搭建引进高技术产业的平台，打造科学的产业链，以达到产业集聚和实现技术赶超的目的。同时推进产学研合作，加强创新创业基地建设，加快高新技术成果产业化和商品化（任金峰，2005）。

三 人才培育机制

技术吸纳的主体无疑是对应的专业技术人才，国内人力资本积累对于吸纳外资先进技术的重要意义不言自明。人力资本积累的主要手段源自健全完善的人才培育机制，而人才培育机制得以构建的重点在于教育投资的持续提升。增加教育投资有利于形成一个"教育投资提高—人力资本存量增加—外资技术外溢—自主技术进步—经济效率提升—教育投资再次提高"的良性循环，通过增加教育投资有助于启动区域技术进步和经济增长的"引擎"。其具体表现在以下两个方面：

一方面，人力资本积累具有循环效应，已经达到的人力资本水平将成为下一轮人力资本积累的基础，从而使人力资本积累具有递增性特征，因此一个区域的人力资本存量和积累速度与这个区域人力资本最初存量具有明显相关性，这也导致一些区域形成人力资本不断积累与经济发展的良性循环机制的同时，也会使一些区域陷入"低人力资本水平陷阱"。考虑到教育具有消费的竞争性和收益的非排他性，其供求的私人均衡低于社会均衡，而且市场配置教育资源效率低下，教育产品主要应由政府提供。因此，中央政府在加大教育支出的同时应着力促进资源配置向中、西部地区倾斜，加大对这些地区的财政支持和教育援助，尤其是提高基础教育、初等教育、中等教育的支出比重，保证经济落后地区教育产品的有效供给，满足其多层次、立体化的教育需求，从而在人力资本投入、技术进步、经济增长效率之间形成良性互促循环机制。

另一方面需要注意的是,外商直接投资最为关键的是与具有高等教育程度的人力资本相结合产生技术外溢效应,同时人力资本在吸收外商直接投资的技术外溢效应后,要进行消化和知识创新,而这种知识生产活动必须与具体的生产区域相结合才能具有创新性。因此高等教育发展要与所属区域内外资企业相结合,并着眼于帮助区域进行"能力建设",使区域具有充分利用外商直接投资和国内投资提高自身技术水平,并实现自我决策和自我发展的能力。此外,高校应积极主动地成为区域社会系统的有机组成部分,将自身纳入区域知识创新体系之中,从而成为区域技术创新和经济发展的重要推动主体。

第三节 FDI 规避环境污染的长效机制

众所周知,外商直接投资在促进国内资本形成、加速技术扩散与吸纳的同时,也可能带来一定环境污染问题,为实现外商直接投资与中国绿色发展的良性互动,就不得不考虑从环境层面构建系统长效机制,以尽可能避免外商直接投资引入所造成的环境负面影响,本部分主要从外商直接投资引入过程中的生态预警、环境规制、部门协同引导等方面进行长效机制设计。

一 生态预警机制

外商直接投资可能带来的环境负效应已成为一个重点关注的议题,通过构建外商直接投资的生态环境效应的预警机制,不仅能够定性、定量地预测、监控和评价外商直接投资的生态环境影响,还能够为推动区域经济和生态环境的可持续发展提供重要的决策依据。

外商直接投资的生态环境预警机制主要指利用定性与定量相结合的预警模型对外资环境效应所引发的突发性或阶段性环境警情进行及时警报,对生态系统以及环境质量的退化、恶化程度进行及时评估,以便环境部门和环保组织能够采取针对性的调控手段和应对措施,从而最终实现环境与经济协调可持续发展的结构状态。从目前关于 FDI 生态环境效应预警系统的研究与开发现状来看,加拿大统计学家 Rapport 等提出的压力—状态—响应（Pressure-State-Response，PSR）模型，因其内在关系明晰、指标全面而受到了一致认可，并被应用于加拿大经济预算与环境问题的预警体系构建中。本书也借鉴PSR模型，从外商直接投资对生态环境产生的压力、现有生态环境状态以及外商直接投资行为对生态环境所作出的响应三个方面确立FDI预警机制构建的基本思路。外商直接投资主要通过规模效应、结构效应和技术效应来影响环境质量，结合PSR模型所提出的三个方面影响途径，我们认为外商直接投资的生态预警机制也应主要从压力指标维度、状态指标维度和响应指标维度三个方面构建响应的FDI生态环境预警指标体系。其中，压力指标维度主要指外商直接投资对本地生态环境所造成的压力，如外商直接投资中制造业、重化企业等所占的比重，主要通过FDI对生态环境具体影响的量化分析得到。状态指标维度主要包括本地生态环境在外商直接投资过程中的状态改变情况，其主要适用于外商直接投资对生态环境预警系统的量化分析中。响应指标维度则主要反映当局对外商直接投资对本地生态环境造成影响后所采取的针对性措施，其主要运用于对当局引资过程中环境举措效果的评估中。通过生态预警机制的建立，可以从外商直接投资行为对环境影响的事前预测、事中应对和事后评估进行全方位的追踪，有利于当局针对外商直接投资所带来的环境影响进行针对性调控，以确保能够积极、健康、合适地引进外资，促进本地经济和生态环境协调发展。

二　环境规制机制

除了上文的生态预警机制外，还应构建必要的环境规制机制，以规范、引导外商直接投资行为，而环境规制机制的构建必须从政府、行业和企业三个层面进行总体谋划。

政府层面应侧重于硬性制度约束机制的构建，首先，要健全外商审批管理机制，强化对外资规模的宏观监测和全口径管理。其次，要明晰相关机构在外资监管过程中的权力与责任，尤其是地方政府与环保部门要各司其职，行政审批仅审核外企申请的硬件材料，环保审批则重点对外企设立可能造成的环境安全威胁进行把控，并明确规定为保护环境安全可以采取环境关税调节和环境破坏惩罚等手段（尹崇斌，2010），加强环境监管执法的工作效率。最后，还要强化对外资并购涉及国家安全的敏感性行业企业的审查监管机制的设计，防范外商利用并购等方式对某些国内行业形成垄断，同时要加强对环境安全威胁型外资的监管，严格规范外商投资矿产资源勘探开发、高能耗、高污染项目的准入条件，确保中国对战略行业、重点企业的发展主导权和控制力。行业层面应充分发挥行业协会在环境治理方面的作用，通过建立行业联盟，制定行业约束机制来监督各个行业会员企业的社会环境责任问题，特别是对社会造成的诸如环境污染等外部不经济问题。行业协会能够通过会章，利用缴纳会费时附带污染治理的费用、对污染排放者进行罚款、强制污染排放者治理环境问题等经济和行政手段来严格控制环境污染（邱云秀，2009）。企业层面侧重于对微观经济主体环境行为的规制，让企业自觉履行其社会责任和义务，从而健全企业内部环境治理机制。具体而言，中国需进一步完善环境标识、清洁生产审核和环境认证等制度，抬高外资引进项目的环境准入门槛，强制淘汰现有高污染、高耗能的外资企业，并加大执法力度，对破坏环境安全的外企严惩不贷。

三 协同激励机制

环境安全保护作为一种全球性问题，如果单纯依靠某一国家的行动势必会将资源耗竭和环境损害成本内部化至终端产品成本中去，从而影响到本国产品在国际市场上的竞争力（尹崇斌，2010），这一问题的有效解决不仅需要加强国际合作，共享环境治理和技术研发经验，还需要着眼对本国相关行业的引导和激励，通过内外部合力来构建协同激励机制，以有效应对外商直接投资可能带来的环境负效应。具体包括以下两个方面：

一方面，需要加强国际合作，共享环境安全保护、环境污染治理的经验。中国政府应积极履行国际条约，大力推进各类环境合作项目落地，尤其是加强污染治理、生态修复、资源开发利用等方面的国际合作，通过吸收国外先进环境保护技术，以间接提升中国环境标准，从而营造优越的投资环境。同时中国应综合考虑非歧视原则、国民待遇原则，打造与国际接轨的环境监测系统，将中国生态环境监测纳入国际范畴，力求在达到环境安全目标的同时也有助于中国外商直接投资相关政策目标的实现。

另一方面，还要加强对本国行业和企业的环境引导和环境激励。行业层面应动态调整外商投资产业指导目录，区别不同领域技术发展的现状，采用不同的外资利用方式。在具体产业导向上应引导外商直接投资更多投向高新技术产业、高效清洁的能源资源产业、现代服务业、高端制造产业、现代农业和生态环境保护产业，允许外商风险资金参与创业型企业投资，进而促进高新技术产业发展，鼓励外资进入需求诱发效果明显的产业，充分运用跨国企业的全球网络和市场资源，增加中国的对外贸易出口规模。企业层面应制定和完善鼓励外资参与节能减排、资源综合利用项目以及先进技术和专利转让的优惠政策，加大外商直接投资中的优惠措施，鼓励外企在中国设立地区总部、研发中心等各类营运中心和生产基地，鼓励外企加大对中国国内企业的技术转移，提升外企的本地化程度，充分利用外商直接投资对本国的技术溢出效应。此外，在引进外商直接投资的先进技术和管理经验的同时，应加强对国内企业创新的激励，比如对于通过采取中水回用、脱硫工程和自愿关停转产等方式开展节能减排的企业，当地政府应当给予相应的财政激励与补贴。

第四节　本章小结

基于前面理论分析与实证研究的结果，本章从外商直接投资加速资本积累、促进技术吸纳、规避环境污染三个方面构建了外商直接投资促进中国绿色全要素生产率增长的长效机制。其中，外商直接投资加速资本积累的长效机制包括动态监管机制、内企成长机制和金融支撑机制；外商直接投资促进技术吸纳的长效机制包括政策诱导机制、产业对接机制和人才培育机制；外商直接投资规避环境污染的长效机制包括生态预警机制、环境规制机制和协同激励机制。

第九章
研究结论、政策建议与研究展望

本章首先对本书的研究结论进行归纳和总结；其次，基于研究结论，借鉴国际经验，并结合中国实际情况，就外商直接投资如何有效驱动中国绿色全要素生产率增长提出相应的政策建议；最后，提出本书的研究展望。

第一节 研究结论

本书在回顾外商直接投资、知识技术溢出和绿色全要素生产率相关理论的基础上，构建了外商直接投资影响中国绿色全要素生产率的理论分析框架，分析了外商直接投资与中国绿色全要素生产率的现状和问题，利用计量经济学分析工具，实证检验了外商直接投资对中国绿色全要素生产率的影响及其区域差异，以及这种区域差异产生的原因，并设计了外商直接投资驱动中国绿色全要素生产率增长的机制。通过上述理论和实证研究，本书得到如下主要研究结论：

（1）考察期内中国绿色全要素生产率整体呈下降趋势，且具有明显的阶段性和区域异质性特征。本书将能源消耗和环境污染综合指数分别作为投入要素和非合意产出纳入测算框架体系，并利用非径向、非角度SBM模型和基于DEA的Global Malmquist-Luenberger指数，重新测算了2003—2014年中国30个省份的绿色全要素生产率。测算结果表明：2003—2014年中国绿色全要素生产率的平均增长率为−0.92%，这说明样本期内中国绿色全要素生产率整体呈下降态势，但它具有明显的阶段性特征。2003—2009年中国绿色全要素生产率呈下滑趋势，但下滑幅度逐步缩小，其中

2008—2009年的下滑幅度最大。2009—2014年中国绿色全要素生产率则呈上升态势。同时，从绿色全要素生产率分解结果来看，2003—2014年中国绿色技术进步平均增长率为0.35%，而绿色技术效率的平均增长率为 -1.27%，这也恰好反映了绿色技术效率的退步是中国绿色全要素生产率下降的主要原因。此外，样本期内中国绿色全要素生产率存在明显的区域差异，且呈现沿海、沿边和内陆地区梯度递减的空间格局。

（2）总体而言，外商直接投资的流入显著促进了中国绿色全要素生产率的增长。本书基于2003—2014年中国省际面板数据，采用"OLS+稳健标准误"和系统GMM方法，从整体层面，实证检验了外商直接投资对中国绿色全要素生产率的影响。研究发现：无论是从"OLS+稳健标准误"的估计结果还是系统GMM估计结果来看，外商直接投资的系数均显著为正，说明外商直接投资水平的提升在一定程度上促进了中国绿色全要素生产率的增长。产生这一结果的主要原因在于，外商直接投资的涌入为中国输送了新鲜的资本血液，并为中国经济高速增长注入了新活力。同时，外商直接投资带来的先进生产技术、环保技术以及管理经验通过示范—模仿、市场竞争、人才培训和产业关联等效应，不但可以提高当地人员的知识技能水平，还能够带动当地企业进行清洁生产，降低能源消耗和环境污染水平，并优化产业结构，推动绿色技术进步和绿色技术效率改善，从而促进绿色全要素生产率增长。

（3）外商直接投资对中国绿色全要素生产率的影响存在显著的区域差异。本书利用2003—2014年中国省际面板数据，采用系统GMM方法，实证研究了外商直接投资对中国绿色全要素生产率影响的区域差异。同时，将空间效应引入普通收敛模型，并构建空间误差收敛模型，进一步考察了中国绿色全要素生产率的收敛性以及外商直接投资对它的影响。实证结果表明：外商直接投资对中国绿色全要素生产率的影响存在显著的区域差异特征，并集中表现为沿海地区的外商直接投资对当地绿色全要素生产率的正向促进作用最大，内陆地区次之，而沿边地区的正向促进作用则不明显。同时，中国绿色全要素生产率存在明显的收敛特征，且外商直接投资水平的提升对中国绿色全要素生产率的收敛产生了显著的促进作用。

（4）外商直接投资对中国绿色全要素生产率的影响显著存在基于研发资本投入、人力资本水平和环境规制水平的单门槛效应。本书基于2003—

2014年中国省际面板数据，以研发资本投入、人力资本水平和环境规制水平为门槛变量分别构建面板门槛模型，实证检验了外商直接投资对中国绿色全要素生产率影响的区域差异的原因。实证结果显示：地区不同的研发投入、人力资本和环境规制水平是导致外商直接投资对中国绿色全要素生产率的影响产生区域差异的重要原因，且外商直接投资对中国绿色全要素生产率的影响显著存在基于研发资本投入、人力资本水平和环境规制水平的单门槛效应。研发资本投入、人力资本水平越高，外商直接投资对中国绿色全要素生产率的正向影响越显著。同时，适度提高环境规制水平，也有助于外商直接投资对中国绿色全要素生产率的正向促进作用的有效发挥。

（5）外商直接投资有效驱动中国绿色全要素生产率增长离不开科学的长效机制。本书从外商直接投资加速资本积累、促进技术吸纳和规避环境污染三个方面科学设计了外商直接投资驱动中国绿色全要素生产率增长的长效机制。其中，外商直接投资加速资本积累的长效机制包括动态监管机制、内企成长机制和金融支撑机制；外商直接投资促进技术吸纳的长效机制包括政策诱导机制、产业对接机制和人才培育机制；外商直接投资规避环境污染的长效机制包括生态预警机制、环境规制机制和协同激励机制。

第二节　政策建议

在经济全球化背景下，发展中国家积极引进外商直接投资，并希冀通过外商直接投资带来的先进生产、环保技术来推动当地产业结构升级和绿色技术进步，进而促进当地绿色发展。因此，本书基于上述研究结论，借鉴国际经验，并结合中国实际情况，从以下几个方面对实现绿色全要素生产率持续增长以及外商直接投资如何有效驱动中国绿色全要素生产率增长提出相应的政策建议。

（1）推动绿色技术进步，提升绿色技术效率。由于现阶段中国绿色全要素生产率整体呈下降趋势，其根源主要在于技术进步的绿色增长效应弱于技术效率下降的抑制效应。因此，中国政府和企业需加强研发资本投入，强化原始创新，提高自主创新能力，大力推动绿色技术进步，以促进绿色全要素生产率持续增长。同时，中国整体技术水平与国外先进技术相比仍然存在一定差距，而自主创新不但包括原始创新，还包括引进技术再创新和集成创新，因而中国有必要量体裁衣，科学引进、吸收国外先进技术，并在此基础上进行模仿、再创新，以综合提高国家技术创新能力，从而放大绿色技术进步对绿色全要素生产率的增长效应。需要指出的是，在引进重大项目方面，项目引进方应联合制造企业和研究设计单位组建科技创新联盟，共同消化吸收引进技术。而政府应协调各方力量，整合一切可以利用的国内外资源，为联合创新提供优质服务，从而提升引进技术消化吸收再创新的能力。此外，在加强原始创新和引进国外先进技术来推动绿色技术进步的同时，中国还应充分挖掘现有技术资源的潜能，并有效提升其利用效率，进而推动绿色全要素生产率增长。

（2）树立绿色发展理念，统筹区域协调发展。实证结果显示中国绿色全要素生产率存在显著的区域差异，且呈现出沿海、沿边和内陆地区梯度递减的空间分布格局。这就需要中央政府从宏观层面继续大力实施"内陆崛起"和"沿边开发"等区域经济协调发展战略，并努力缩小沿海、内陆和沿边地区在绿色全要素生产率方面的整体差距。而地方政府则应该树立绿色发展理念，并认清当前中国绿色全要素生产率的空间分布格局，因地制宜地推动当地绿色发展。具体而言，内陆地区需积极实施"绿色崛起"战略，坚持走可持续发展道路。即在经济崛起的道路上要高度重视环境保护问题，尤其是要严防"产业转移"演变为"污染转移"。沿边地区需要抓住"西部大开发"和"沿边开发"等重要机遇，坚持生态优先的原则，积极利用自身生态优势，着眼于生态科技，发展生态经济，并推动地区可持续发展。同时，借鉴沿海发达地区的发展经验，加大教育投入，重视本土科技人才的培养，努力通过提高人才福利待遇，完善其住房和落户等配套政策，吸引并留住外来科技人才，以储备绿色技术进步所需的科技人才。沿海地区则需要引领产业结构的优化升级，在全国率先形成以先进制造业、现代服务业为主导的产业结构，并严格把控资源节约和环保准入门槛，加快经济发展方式向绿色型转变。此外，各地区需打破"单打独斗"的行政垄断，积极为要素资源跨区域的自由流动创造条件，从而促进区域绿色经济协调发展。

（3）提高对外开放水平，引进优质绿色外资。实证结果显示，整体

而言，外商直接投资的流入促进了中国绿色全要素生产率增长。因此，中国应全方位地提高对外开放水平，一如既往地积极引进并监督外商直接投资，加快引资模式从"数量"向"质量"、"被动吸收"向"主动抉择"转变，并高度重视外商直接投资流入的环境效益，从而促进外商直接投资的正向绿色生产率溢出效应的发挥。其具体措施如下：一是中央政府应加快传统国民经济核算体系的改革步伐，科学实施"绿色GDP"核算工程（将资源消耗和环境污染引入国民经济核算体系），并为地方政府的绿色发展分析决策指明方向。同时，改革地方官员考核体系，将绿色发展纳入考核体系，以引导地方政府在引进外资促进经济发展的同时，做好节能环保工作，并逐步消除地方政府的"GDP崇拜"和"引资逐底竞争"（竞相降低环境标准来吸引外资）等现象。二是地方政府应有选择性地引进高质量的技术型外商直接投资，并引导其进入高技术产业、高端制造业和现代服务业，充分发挥其技术溢出效应。此外，地方政府还应结合当地资源禀赋、环境承载力以及产业需求，严格实施环保负面清单制度，积极引进绿色型外商直接投资，并有效发挥其"污染光环"效应。

（4）认清地区禀赋特征，实施差异引资策略。由于各地区的综合吸收能力具有一定的差异性，外商直接投资对当地绿色全要素生产率的影响也有所不同。因此，地方政府应认清地区发展的异质性，采取差异化的引资政策，并使引资政策更富有针对性，以充分发挥外商直接投资对绿色全要素生产率的促进作用。具体而言，经济发展水平较高、吸收能力较强的地区应在现有基础上积极引进高质量的外商直接投资，通过灵活多样的引资方式高效吸收利用外商直接投资带来的先进生产、环境技术，并积极探寻外资引进与绿色全要素生产率持续增长的最佳契合点；经济发展水平较低、吸收能力较弱的地区应谨慎地、有选择性地引进外商直接投资，且以完善吸收能力体系为主，具体包括努力提升当地研发资本投入水平、人力资本水平以及制定合理的环境规制措施等，并促使这些吸收能力因素与外商直接投资形成良性互动机制，以便充分发挥外商直接投资对绿色全要素生产率的正向溢出效应。

第三节 研究展望

尽管本书较为系统地研究了外商直接投资与中国绿色全要素生产率增长的理论基础、理论分析框架以及二者各自的现状和问题,实证检验了外商直接投资对中国绿色全要素生产率的影响及其区域差异,并产生了一些新的研究成果。但由于外商直接投资与中国绿色全要素生产率之间的关系比较复杂,目前国内外学术界对其研究尚未形成完整的理论体系,加之笔者时间精力有限,本书尚存在一定缺憾和值得进一步研究的问题:

(1)本书主要利用国际投资学、环境经济学和计量经济学等相关知识对外商直接投资与中国绿色全要素生产率之间的关系进行了理论和实证研究,未来可更多地融合财政学和制度经济学等其他学科的知识,从财政分权和制度变迁等不同视角对上述问题进行交叉研究。

(2)本书以绿色 GML 指数作为被解释变量来构建计量模型,系统考察了外商直接投资对绿色全要素生产率的影响及其区域差异。在未来的研究中,可以将绿色 GML 指数分解的绿色技术效率指数和绿色技术进步指数分别作为被解释变量,并开展相应的实证检验,以尽量弥补本书的不足。

(3)本书重点从整体和地区层面探究了外商直接投资与中国绿色全要素生产率之间的关系。在未来的研究中,可以从行业异质性、外资企业异质性和本土企业异质性等多个角度对二者的关系进行研究,以更好地为中国吸收消化国外先进生产技术、环保技术以及管理经验提供决策参考。

参考文献

白俊红、吕晓红：《FDI 质量与中国环境污染的改善》，《国际贸易问题》2015 年第 8 期。

包群、陈媛媛、宋立刚：《外商投资与东道国环境污染：存在倒 U 型曲线关系吗？》，《世界经济》2010 年第 1 期。

包群、赖明勇：《FDI 技术外溢的动态测算及原因解释》，《统计研究》2003 年第 6 期。

薄文广：《FDI 挤入或挤出了中国的国内投资么？——基于面板数据的实证分析与检验》，《财经论丛》2006 年第 1 期。

蔡经汉、颜秀春、李冠军：《区域吸收能力研究综述》，《技术经济》2011 年第 11 期。

柴志贤：《利用外资、环境约束与中国工业全要素生产率的增长——基于 Malmquist 指数与 Malmquist–Luenberger 指数的比较研究》，《技术经济》2013 年第 1 期。

陈超：《进口贸易、FDI 与国际知识资本溢出——来自跨国面板数据的经验分析》，《世界经济研究》2016 年第 2 期。

陈超凡：《中国工业绿色全要素生产率及其影响因素——基于 ML 生产率指数及动态面板模型的实证研究》，《统计研究》2016 年第 3 期。

陈菁泉、刘伟、杜重华：《环境规制下全要素生产率逆转拐点的空间效应——基于省际工业面板数据的验证》，《经济理论与经济管理》2016 年第 5 期。

陈强：《高级计量经济学及 Stata 应用》（第二版），高等教育出版社 2014 年版。

陈诗一：《中国的绿色工业革命：基于环境全要素生产率视角的解释

（1980—2008）》,《经济研究》2010年第11期。

陈涛涛:《影响中国外商直接投资溢出效应的行业特征》,《中国社会科学》2003年第4期。

陈晓红、宋洋:《区域创新系统中知识吸收能力的评价及比较研究》,《科技进步与对策》2011年第1期。

程惠芳:《国际直接投资与开放型内生经济增长》,《经济研究》2002年第10期。

程中华:《集聚经济与绿色全要素生产率》,《软科学》2015年第5期。

戴魁早、刘友金:《要素市场扭曲、区域差异与R&D投入——来自中国高技术产业与门槛模型的经验证据》,《数量经济技术经济研究》2015年第9期。

戴魁早、刘友金:《要素市场扭曲如何影响创新绩效》,《世界经济》2016年第11期。

邓超正:《FDI对我国全要素生产率的影响——基于2001—2008年省际面板数据的研究》,《云南财经大学学报》2012年第1期。

邓玉萍:《基于空间效应的FDI对我国环境污染影响研究》,硕士学位论文,湖南大学,2011年。

邓玉萍、许和连:《外商直接投资、地方政府竞争与环境污染——基于财政分权视角的经验研究》,《中国人口·资源与环境》2013年第7期。

董敏杰、李钢、梁泳梅:《中国工业环境全要素生产率的来源分解——基于要素投入与污染治理的分析》,《数量经济技术经济研究》2012年第2期。

范丹:《经济转型视角下中国工业行业环境全要素生产率及增长动力分析》,《中国环境科学》2015年第10期。

方健雯:《FDI对我国全要素生产率的影响——基于制造业面板数据的实证分析》,《管理评论》2009年第8期。

冯杰、张世秋:《基于DEA方法的我国省际绿色全要素生产率评估——不同模型选择的差异性探析》,《北京大学学报》(自然科学版)2017年第1期。

符宁:《人力资本、研发强度与进口贸易技术溢出——基于我国吸收能力的实证研究》,《世界经济研究》2007年第11期。

郭辉、董晔:《碳排放和能源消费约束下的中国绿色全要素生产率和经济增长研究——基于扩展的索洛模型分析》,《经济经纬》2012年第6期。

郭庆然:《FDI技术溢出效应的区域差异与吸收能力——基于门槛面板数据模型视角》,《工业技术经济》2013年第8期。

韩海彬、张莉:《农业信息化对农业全要素生产率增长的门槛效应分析》,《中国农村经济》2015年第8期。

何洁、许罗丹:《中国工业部门引进外国直接投资外溢效应的实证研究》,《世界经济文汇》1999年第2期。

何洁:《外国直接投资对中国工业部门外溢效应的进一步精确量化》,《世界经济》2000年第12期。

何兴强、欧燕、史卫、刘阳:《FDI技术溢出与中国吸收能力门槛研究》,《世界经济》2014年第10期。

何雄浪:《FDI技术溢出、吸收能力与经济增长——基于西南地区与华东地区的比较研究》,《西南民族大学学报》(人文社会科学版)2014年第7期。

何元庆:《对外开放与TFP增长:基于中国省际面板数据的经验研究》,《经济学(季刊)》2007年第4期。

侯英、郑良海、陈希敏:《外资溢出效应、金融市场发展水平与中国经济增长研究》,《经济问题》2014年第2期。

侯泽媛:《外资对中国资本形成的挤出效应分析》,硕士学位论文,华南师范大学,2005年。

胡朝霞:《FDI对中国服务业全要素生产率的影响——基于随机前沿面板数据模型的分析》,《厦门大学学报》(哲学社会科学版)2010年第4期。

胡建辉、李博、冯春阳:《城镇化、公共支出与中国环境全要素生产率——基于省际面板数据的实证检验》,《经济科学》2016年第1期。

胡晓亚:《中国省份FDI的绿色技术溢出效应分析》,硕士学位论文,重庆工商大学,2016年。

胡晓珍、杨龙:《中国区域绿色全要素生产率增长差异及收敛分析》,《财经研究》2011年第4期。

黄繁华、王晶晶:《服务业FDI、吸收能力与国际R&D溢出效应——

一项跨国经验研究》,《国际贸易问题》2014年第5期。

黄华民:《外商直接投资对我国宏观经济影响的实证分析》,《经济评论》2000年第6期。

黄菁、赖明勇、王华:《FDI在中国的技术外溢效应:基于面板数据的考察》,《世界经济研究》2008年第10期。

黄静:《影响FDI技术外溢效果的因素分析——基于吸收能力的研究》,《世界经济研究》2006年第8期。

黄静波、付建:《FDI与广东技术进步关系的实证分析》,《管理世界》2004年第9期。

黄凌云、范艳霞、刘夏明:《基于东道国吸收能力的FDI技术溢出效应》,《中国软科学》2007年第3期。

计志英、毛杰、赖小锋:《FDI规模对我国环境污染的影响效应研究——基于30个省级面板数据模型的实证检验》,《世界经济研究》2015年第3期。

贾英姿、胡振虎、于晓:《美国近十年外资安全审查重点和趋势简析》,《财政科学》2016年第9期。

蒋樟生:《制造业FDI行业内和行业间溢出对全要素生产率变动的影响》,《经济理论与经济管理》2017年第2期。

金春雨、王伟强:《"污染避难所假说"在中国真的成立吗——基于空间VAR模型的实证检验》,《国际贸易问题》2016年第8期。

靳娜、傅强:《吸收能力和贸易政策对FDI技术溢出的影响分析——基于中国工业部门面板数据的实证研究》,《南开经济研究》2010年第6期。

荆周:《FDI流入的技术溢出效应理论与实证研究——地区与行业视角》,硕士学位论文,重庆大学,2008年。

匡远凤、彭代彦:《中国环境生产效率与环境全要素生产率分析》,《经济研究》2012年第7期。

冷艳丽、冼国明、杜思正:《外商直接投资与雾霾污染——基于中国省际面板数据的实证分析》,《国际贸易问题》2015年第12期。

李斌、李拓、朱业:《公共服务均等化、民生财政支出与城市化——基于中国286个城市面板数据的动态空间计量检验》,《中国软科学》2015年第6期。

李斌、彭星、欧阳铭珂：《环境规制、绿色全要素生产率与中国工业发展方式转变——基于36个工业行业数据的实证研究》，《中国工业经济》2013年第4期。

李斌、祁源、李倩：《财政分权、FDI与绿色全要素生产率——基于面板数据动态GMM方法的实证检验》，《国际贸易问题》2016年第7期。

李国平、杨佩刚、宋文飞、韩先锋：《环境规制、FDI与"污染避难所"效应——中国工业行业异质性视角的经验分析》，《科学学与科学技术管理》2013年第10期。

李健、卫平：《金融发展与全要素生产率增长——基于中国省际面板数据的实证分析》，《经济理论与经济管理》2015年第8期。

李洁：《中国、巴西、印度三国利用外资政策和绩效比较》，《世界经济与政治论坛》2005年第6期。

李景睿：《FDI与前沿技术进步、技术效率的关系研究——基于DEA的珠江三角洲城市面板数据分析》，《国际经贸探索》2009年第10期。

李敬、冉光和、万广华：《中国区域金融发展差异的解释——基于劳动分工理论与Shapley值分解方法》，《经济研究》2007年第5期。

李俊、徐晋涛：《省际绿色全要素生产率增长趋势的分析——一种非参数方法的应用》，《北京林业大学学报》（社会科学版）2009年第4期。

李玲、陶锋：《污染密集型产业的绿色全要素生产率及影响因素——基于SBM方向性距离函数的实证分析》，《经济学家》2011年第12期。

李玲、陶锋：《中国制造业最优环境规制强度的选择——基于绿色全要素生产率的视角》，《中国工业经济》2012年第5期。

李玲、陶锋、杨亚平：《中国工业增长质量的区域差异研究——基于绿色全要素生产率的收敛分析》，《经济经纬》2013年第4期。

李梅、柳士昌：《对外直接投资逆向技术溢出的地区差异和门槛效应——基于中国省际面板数据的门槛回归分析》，《管理世界》2012年第1期。

李梅、谭力文：《FDI对我国技术创新能力溢出的地区差异和门槛效应检验》，《世界经济研究》2009年第3期。

李苗苗、肖洪钧、赵爽：《金融发展、技术创新与经济增长的关系研究——基于中国的省市面板数据》，《中国管理科学》2015年第1期。

李平、钱利：《进口贸易与外国直接投资的技术溢出效应——对中国各地区技术进步的实证研究》，《财贸研究》2005年第6期。

李平：《技术扩散理论及实证研究》，山西经济出版社1999年版。

李胜文、李新春、杨学儒：《中国的环境效率与环境管制——基于1986—2007年省级水平的估算》，《财经研究》2010年第2期。

李伟、章上峰：《环境约束下的工业全要素生产率增长——基于Malmquist-Luenberger指数的行业面板数据分析》，《统计与信息论坛》2010年第11期。

李向升：《FDI对广东省制造业全要素生产率增长的影响研究》，博士学位论文，暨南大学，2014年。

李小胜、安庆贤：《环境管制成本与环境全要素生产率研究》，《世界经济》2012年第12期。

李小胜、余芝雅、安庆贤：《中国省际环境全要素生产率及其影响因素分析》，《中国人口·资源与环境》2014年第10期。

李晓钟、王倩倩：《研发投入、外商投资对我国电子与高新技术产业的影响比较——基于全要素生产率的估算与分析》，《国际贸易问题》2014年第1期。

李晓钟、张小蒂：《外商直接投资对我国技术创新能力影响及地区差异分析》，《中国工业经济》2008年第9期。

李子豪、刘辉煌：《FDI对环境的影响存在门槛效应吗——基于中国220个城市的检验》，《财贸经济》2012年第9期。

李子豪、刘辉煌：《外商直接投资的环境门槛效应研究——中国省级数据的检验》，《管理评论》2013年第9期。

李子奈：《计量经济学应用研究的总体回归模型设定》，《经济研究》2008年第8期。

廖显春、夏恩龙：《为什么中国会对FDI具有吸引力？——基于环境规制与腐败程度视角》，《世界经济研究》2015年第1期。

林光平、龙志和、吴梅：《中国地区经济σ-收敛的空间计量实证分析》，《数量经济技术经济研究》2006年第4期。

刘承智、杨籽昂、潘爱玲：《排污权交易提升经济绩效了吗？——基于2003—2012年中国省际环境全要素生产率的比较》，《财经问题研究》

2016年第6期。

刘飞宇、赵爱清：《外商直接投资对城市环境污染的效应检验——基于我国285个城市面板数据的实证研究》，《国际贸易问题》2016年第5期。

刘和旺、左文婷：《环境规制对我国省际绿色全要素生产率的影响》，《统计与决策》2016年第9期。

刘学武：《中国是否存在过量引进FDI的因素：一个完全信息博弈模型的分析》，《世界经济》2001年第4期。

刘勇a：《"十一五"时期协调空间开发秩序和调整空间结构的相关问题研究》，《中州学刊》2005年第1期。

刘勇b：《中国新三大地带宏观区域格局的划分》，《地理学报》2005年第3期。

刘渝琳、温怀德：《经济增长下的FDI、环境污染损失与人力资本》，《世界经济研究》2007年第11期。

刘渝琳、郑效晨、王鹏：《FDI与工业污染排放物的空间面板模型分析》，《管理工程学报》2015年第2期。

刘正瑜：《FDI对我国全要素生产率的影响研究》，硕士学位论文，重庆大学，2015年。

卢丽文、宋德勇、黄璨：《长江经济带城市绿色全要素生产率测度——以长江经济带的108个城市为例》，《城市问题》2017年第1期。

陆建军：《FDI对中国国内投资影响的实证分析》，《财经问题研究》2003年第9期。

罗长远：《FDI与国内资本：挤出还是挤入》，《经济学》（季刊）2007年第2期。

罗军、陈建国：《研发投入门槛、外商直接投资与中国创新能力——基于门槛效应的检验》，《国际贸易问题》2014年第8期。

罗军：《FDI前向关联与技术创新——东道国研发投入重要吗》，《国际贸易问题》2016年第6期。

罗能生、刘滔：《需求结构对我国环境质量影响的实证研究》，《中国软科学》2014年第12期。

马大来：《中国区域碳排放效率及其影响因素的空间计量研究》，博士学位论文，重庆大学，2015年。

马大来、陈仲常、王玲：《中国区域创新效率的收敛性研究：基于空间经济学视角》，《管理工程学报》2017年第1期。

马丹丹：《中国全要素生产率的测算及影响因素分析》，硕士学位论文，浙江工商大学，2012年。

马林、章凯栋：《外商直接投资对中国技术溢出的分类检验研究》，《世界经济》2008年第7期。

马全军、鞠加亮：《利用外资中的内外资"双溢出"现象透析》，《投资研究》1999年第3期。

毛其淋、盛斌：《对外经济开放、区域市场整合与全要素生产率》，《经济学》（季刊）2011年第1期。

孟维华：《生产率的绿色内涵：基于生态足迹的资源生产率和全要素生产率计算》，同济大学出版社2011年版。

纳克斯著：《不发达国家的资本形成问题》，瑾斋译，商务印书馆1966年版。

聂飞、刘海云：《FDI、环境污染与经济增长的相关性研究——基于动态联立方程模型的实证检验》，《国际贸易问题》2015年第2期。

潘美玲：《金融发展对外商直接投资经济增长效应的比较分析——基于面板分位数回归技术》，《生态经济》2011年第12期。

潘文卿：《外商投资对中国工业部门的外溢效应：基于面板数据的分析》，《世界经济》2003年第6期。

潘文卿：《中国的区域关联与经济增长的空间溢出效应》，《经济研究》2012年第1期。

潘晓光：《FDI的技术溢出及其门槛特征：来自中国省级数据的经验研究》，博士学位论文，华东师范大学，2014年。

潘益兴：《FDI对浙江技术溢出效应的实证研究》，《经济问题》2011年第1期。

蒲应龚：《外国直接投资挤出（挤入）国内投资的作用机制》，《经济社会体制比较》2006年第3期。

乔晗、杨列勋、邓小铁：《碳排放信息披露情况对碳排放博弈的影响》，《系统工程理论与实践》2013年第12期。

邱斌、杨帅、辛培江：《FDI技术溢出渠道与中国制造业生产率增长研究：基于面板数据的分析》,《世界经济》2008年第8期。

邱云秀：《环境规制视角下的我国外商直接投资机制及效应分析》,硕士学位论文,中国海洋大学,2009年。

屈小娥：《考虑环境约束的中国省际全要素生产率再估算》,《产业经济研究》2012年第1期。

任淮秀：《投资经济学》,中国人民大学出版社2001年版。

任金峰：《外商直接投资（FDI）技术效应与本土企业技术能力成长研究》,硕士学位论文,中国海洋大学,2005年。

沙文兵：《对外直接投资、逆向技术溢出与国内创新能力——基于中国省际面板数据的实证研究》,《世界经济研究》2012年第3期。

上官绪明：《技术溢出、吸收能力与技术进步》,《世界经济研究》2016年第8期。

沈坤荣：《外国直接投资与中国经济增长》,《管理世界》1999年第5期。

沈坤荣、耿强：《外国直接投资、技术外溢与内生经济增长——中国数据的计量检验与实证分析》,《中国社会科学》2001年第5期。

沈能：《环境效率,行业异质性与最优规制强度——中国工业行业面板数据的非线性检验》,《中国工业经济》2012年第3期。

盛雯雯：《金融发展与国际贸易比较优势》,《世界经济》2014年第7期。

史青：《外商直接投资、环境规制与环境污染——基于政府廉洁度的视角》,《财贸经济》2013年第1期。

宋长青、刘聪粉、王晓军：《中国绿色全要素生产率测算及分解：1985—2010》,《西北农林科技大学学报》（社会科学版）2014年第3期。

孙婧：《人力资本与FDI技术溢出的门槛效应研究》,《商业时代》2013年第15期。

孙叶飞、夏青、周敏：《新型城镇化发展与产业结构变迁的经济增长效应》,《数量经济技术经济研究》2016年第11期。

唐兰：《金融发展、FDI技术溢出与经济增长》,硕士学位论文,西南大学,2015年。

田娜、Myeong-Kee Chung：《基于环境修正的中韩制造业全要素生产率比较研究》,《世界经济研究》2015年第9期。

田银华、贺胜兵、胡石其:《环境约束下地区全要素生产率增长的再估算:1998—2008》,《中国工业经济》2011年第1期。

田泽永:《FDI的资本形成与技术溢出效应研究——基于江苏民营制造业视角》,博士学位论文,南京航空航天大学,2009年。

田泽永、陈圣飞:《吸收主体异质、市场特征差异与FDI技术溢出》,《国际商务——对外经济贸易大学学报》2015年第1期。

万伦来、朱琴:《R&D投入对工业绿色全要素生产率增长的影响——来自中国工业1999—2010年的经验数据》,《经济学动态》2013年第9期。

汪锋、解晋:《中国分省绿色全要素生产率增长率研究》,《中国人口科学》2015年第2期。

汪克亮、孟祥瑞、杨力、程云鹤:《生产技术异质性与区域绿色全要素生产率增长——基于共同前沿与2000—2012年中国省际面板数据的分析》,《北京理工大学学报》(社会科学版)2015年第1期。

汪曲:《技术结构视角下吸收能力与知识溢出效应——基于中国省际1995—2009年面板数据的经验研究》,《经济管理》2012年第9期。

王滨:《FDI技术溢出、技术进步与技术效率——基于中国制造业1999—2007年面板数据的经验研究》,《数量经济技术经济研究》2010年第2期。

王兵、刘光天:《节能减排与中国绿色经济增长——基于全要素生产率的视角》,《中国工业经济》2015年第5期。

王兵、吴延瑞、颜鹏飞:《中国区域环境效率与环境全要素生产率增长》,《经济研究》2010年第5期。

王飞:《外商直接投资促进了国内工业企业技术进步吗?》,《世界经济研究》2003年第4期。

王洪庆:《外商直接投资如何影响中国工业环境规制》,《中国软科学》2015年第7期。

王华、祝树金、赖明勇:《技术差距的门槛与FDI技术溢出的非线性——理论模型及中国企业的实证研究》,《数量经济技术经济研究》2012年第4期。

王慧、王树乔:《FDI、技术效率与全要素生产率增长——基于江苏省制造业面板数据经验研究》，《华东经济管理》2016年第1期。

王玲、涂勤：《中国制造业外资生产率溢出的条件性研究》，《经济学》（季刊）2007年第1期。

王恕立、汪思齐、滕泽伟：《环境约束下的中国服务业全要素生产率增长》，《财经研究》2016年第5期。

王永齐：《外商直接投资对国内资本形成的挤出效应分析》，《世界经济文汇》2005年第6期。

王永齐：《FDI溢出、金融市场与经济增长》，《数量经济技术经济研究》2006年第1期。

王裕瑾、于伟：《我国省际绿色全要素生产率收敛的空间计量研究》，《南京社会科学》2016年第11期。

王志鹏、李子奈：《外资对中国工业企业生产效率的影响研究》，《管理世界》2003年第4期。

王志鹏、李子奈：《外商直接投资、外溢效应与内生经济增长》，《世界经济文汇》2004年第3期。

温怀德、刘渝琳、温怀玉：《外商直接投资、对外贸易与环境污染的实证研究》，《当代经济科学》2008年第2期。

吴建新、黄蒙蒙：《中国城市经济的绿色转型：基于环境效率和环境全要素生产率的分析》，《产经评论》2016年第6期。

吴军：《环境约束下中国地区工业全要素生产率增长及收敛分析》，《数量经济技术经济研究》2009年第11期。

吴青青：《我国省际绿色全要素生产率的空间计量分析》，硕士学位论文，安徽财经大学，2015年。

肖攀、李连友、唐李伟、苏静：《中国城市环境全要素生产率及其影响因素分析》，《管理学报》2013年第11期。

谢建国、吴国锋：《FDI技术溢出的门槛效应——基于1992—2012年中国省际面板数据的研究》，《世界经济研究》2014年第11期。

谢建国、周露昭：《进口贸易、吸收能力与国际R&D技术溢出：中国省区面板数据的研究》，《世界经济》2009年第9期。

谢建国：《外商直接投资对中国的技术溢出——一个基于中国省区面板数据的研究》，《经济学（季刊）》2006年第4期。

徐晓红、汪侠：《中国绿色全要素生产率及其区域差异——基于30个省面板数据的实证分析》，《贵州财经大学学报》2016年第6期。

徐晓明：《我国的经济类型区和综合经济区划分新探》，《中州学刊》2006年第4期。

徐颖君：《外国直接投资对中国国内投资的影响：挤入还是挤出？》，《国际贸易问题》2006年第8期。

许和连、邓玉萍：《外商直接投资导致了中国的环境污染吗？——基于中国省际面板数据的空间计量研究》，《管理世界》2012年第2期。

许欣：《FDI对我国技术溢出的门槛效应研究——基于我国35个工业行业2001—2012年面板数据》，硕士学位论文，南京大学，2015年。

严兵：《外商在华直接投资的溢出效应——基于产业层面的分析》，《世界经济研究》2005年第3期。

阎星、张毓峰、胡雯：《内陆经济崛起背景下成都经济区的合作与发展》，《天府新论》2012年第5期。

颜洪平：《中国工业绿色全要素生产率增长及其收敛性研究——基于GML指数的实证分析》，《西北工业大学学报》（社会科学版）2016年第2期。

阳小晓、赖明勇：《FDI与技术外溢：基于金融发展的理论视角及实证研究》，《数量经济技术经济研究》2006年第6期。

杨钢、蒋华：《充分开放：内陆地区快速崛起的现实路径》，《求是》2012年第14期。

杨桂元、吴青青：《我国省际绿色全要素生产率的空间计量分析》，《统计与决策》2016年第16期。

杨俊、胡玮、张宗益：《国内外R&D溢出与技术创新：对人力资本门槛的检验》，《中国软科学》2009年第4期。

杨俊、邵汉华：《环境约束下的中国工业增长状况研究——基于Malmquist-Luenberger指数的实证分析》，《数量经济技术经济研究》2009年第9期。

杨柳勇、沈国良：《外商直接投资对国内投资的挤入挤出效应分析》，《统计研究》2002年第3期。

杨冕、王银：《FDI对中国环境全要素生产率的影响——基于省际层面的实证研究》,《经济问题探索》2016年第5期。

杨文举、龙睿赟:《中国地区工业绿色全要素生产率增长——基于方向性距离函数的经验分析》,《上海经济研究》2012年第7期。

杨向阳、周佳慧、童馨乐:《考虑环境约束的中国区域全要素生产率增长——基于Hicks-Moorsteen指数方法》,《统计与信息论坛》2013年第10期。

姚洋、章奇:《中国工业企业技术效率分析》,《经济研究》2001年第10期。

殷宝庆:《环境规制与我国制造业绿色全要素生产率——基于国际垂直专业化视角的实证》,《中国人口·资源与环境》2012年第12期。

尹崇斌:《环境安全条件下我国外商直接投资的政府激励与规制研究》,硕士学位论文,中国海洋大学,2010年。

尹向飞、刘长石:《环境与矿产资源双重约束下的中国制造业全要素生产率研究》,《软科学》2017年第2期。

袁润松、丰超、王苗、黄健柏:《技术创新、技术差距与中国区域绿色发展》,《科学学研究》2016年第10期。

原毅军、谢荣辉:《FDI、环境规制与中国工业绿色全要素生产率增长——基于Luenberger指数的实证研究》,《国际贸易问题》2015年第8期。

曾德聪、仲长荣:《技术转移学》,福建科学技术出版社1997年版。

曾慧:《FDI、金融市场发展效率与中国经济增长》,《科学学与科学技术管理》2008年第12期。

张公嵬、陈翔、李赞:《FDI、产业集聚与全要素生产率增长——基于制造业行业的实证分析》,《科研管理》2013年第9期。

张国骥:《我国利用FDI的负面影响与对策研究》,硕士学位论文,青岛大学,2005年。

张海洋:《人力资本吸收、外资技术扩散与中国经济增长》,《科学学研究》2005年第1期。

张宏:《跨国并购与我国利用外商直接投资》,《山东财政学院学报》2001年第5期。

张嘉为、陈曦、汪寿阳:《新的空间权重矩阵及其在中国省域对外贸易中的应用》,《系统工程理论与实践》2009年第11期。

张军、吴桂英、张吉鹏：《中国省际物质资本存量估算：1952—2000》，《经济研究》2004 年第 10 期。

张林、冉光和、陈丘：《区域金融实力、FDI 溢出与实体经济增长——基于面板门槛模型的研究》，《经济科学》2014 年第 6 期。

张林、冉光和、蓝震森：《碳排放约束与农业全要素生产率增长及分解》，《华南农业大学学报》（社会科学版）2015 年第 3 期。

张林：《金融业态深化、财政政策激励与区域实体经济增长》，博士学位论文，重庆大学，2016 年。

张明、谢家智：《中国地区价格的空间相关性及传导差异的因素分析——基于动态空间面板模型的实证研究》，《财经研究》2012 年第 3 期。

张鹏、于伟：《基于社会网络分析的我国绿色全要素生产率增长空间特征及其动因研究》，《经济问题探索》2017 年第 2 期。

张倩肖：《外商直接投资对国内投资的替代互补效应分析》，《经济学家》2004 年第 6 期。

张倩肖：《外商直接投资、市场竞争及对我国制造业的技术外溢效应——基于随机前沿生产函数的分析》，《经济学家》2007 年第 3 期。

张文爱：《技术差距与 FDI 的溢出效应：中国工业部门的实证检验》，《云南财经大学学报》2013 年第 3 期。

张相文、郭宝忠、张超：《制度因素对 FDI 溢出效应的影响——基于中国工业企业数据库的实证研究》，《宏观经济研究》2014 年第 8 期。

张彦博、郭亚军：《FDI 的环境效应与我国引进外资的环境保护政策》，《中国人口·资源与环境》2009 年第 4 期。

张宇、蒋殿春：《FDI 技术外溢的地区差异与门槛效应——基于 DEA 与中国省际面板数据的实证检验》，《当代经济科学》2007 年第 5 期。

张宇、蒋殿春：《FDI、政府监管与中国水污染——基于产业结构与技术进步分解指标的实证检验》，《经济学（季刊）》2014 年第 2 期。

张宇：《FDI 技术外溢的地区差异与吸收能力的门限特征——基于中国省际面板数据的门限回归分析》，《数量经济技术经济研究》2008 年第 1 期。

张毓峰、张勇、阎星：《区域经济新格局与内陆地区发展战略选择》，《财经科学》2014 年第 5 期。

赵国庆、张中元：《FDI 会促进中国高技术产业的技术进步吗——基于动态面板模型的实证检验》，《金融评论》2010 年第 4 期。

赵迎春：《马克思主义经济全球化理论下的利用外资发展研究——对美国招商引资经验的几点探究》，《商》2016 年第 13 期。

郑强、冉光和、邓睿、谷继建：《中国 FDI 环境效应的再检验》，《中国人口·资源与环境》2017 年第 4 期。

郑强、冉光和、谷继建：《外商直接投资、经济增长与环境污染——基于中国式分权视角的实证研究》，《城市发展研究》2016 年第 5 期。

周旭：《外商直接投资对转变经济发展方式的影响机制研究——以北京市为例》，博士学位论文，北京理工大学，2015 年。

朱劲松：《外商直接投资在中国资本形成的效应》，《亚太经济》2001 年第 3 期。

祝波：《外商直接投资溢出机制：基于创新视角的研究》，经济管理出版社 2007 年版。

邹新月、赵江：《全要素生产率与金融发展关系研究》，《金融经济学研究》2013 年第 2 期。

Agosin Manuel R.and Machado Roberto,"Foreign Investment in Developing Countries: Does It Crowd in Domestic Investment?", *Oxford Development Studies*,Vol.33,No.2,January 2005.

Aitken Brian J.and Harrison, Ann E.,"Do Domestic Firms Benefit from Direct Foreign Investment? Evidence from Venezuela", *American Economic*,Vol.89,No.3,June 1999.

Alfaro Laura.,Chanda Areendam.,Kalemli-Ozcan Sebnem,Sayek Selin,"FDI and Economic Growth:The Role of Local Financial Markets", *Journal of International Economics*, Vol.64, No.1,October 2004.

Anderson Theodore Wilbr and Hsiao Cheng, "Estimation of Dynamic Models with Error Components", *Journal of the American Statistical Association*, Vol.76,No.375,September 1980.

Andreoni James and Levinson Arik,"The Simple Analytics of the Environmental Kuznets Curve", *Journal of Public Economics*,Vol.80,No.2,May

2001.

Antweiler Werner,Copeland Brian R. and Taylor M.Scott,"Is Free Trade Good for the Environment?", NBER Working Paper No.w6707,August 1998.

Arellano Manuel and Bond Stephen,"Some Tests of Specification for Panel Data: Monte Carlo Evidence and an Application to Employment Equations", *The Review of Economic Studies*, Vol.58,No.2,April 1991.

Arellano Manuel and Bover Olympia,"Another Look at Instrumental Variable Estimation of Error Components Models", *Journal of Econometrics*,Vol.68,No.1,July 1995.

Arrow Keneth J.,"The Economic Implications of Learning by Doing", *The Review of Economic Studies*,Vol.29,No.3,June 1962.

Balasuramanyam V. N.,Salisu M.and Sapsford David,"Foreign Direct Investment and Growth in EP and is Countries", *The Economic Journal*,Vol.106,No.434,January 1996.

Barro Robert J.,Sala-I-Martin Xavier,Blanchard Olivier Jean and Hall Robert E.,"Convergence Across States and Regions", *Booking Papers on Economic Activity*,Vol.1991,No.1,January 1991.

Baumol William J.and Oates E.,*The Theory of Environmental Policy*, Cambridge:Cambridge University Press,1988.

Benhabib Jess and Spiegel Mark M.,"The Role of Human Capital in Economic Development: Evidence from Aggregate Cross-country Data", *Journal of Monetary Economics*,Vol.34,No.2, October 1994.

Blomstrom Magnus.,Kokko Ari and Zejan Mario,"Host Country Competitioon ,Labor Skills and Technology Transfer by Multinationals", *Review of World Economics*, No.130,September 1994.

Blomstrom Magnus and Persson Hakan,"Foreign Investment and Spillover Efficiency in an Under Developed Economy: Evidence from the Mexican Manufacturing Industry", *World Development*, Vol.11,No.6, June 1983.

Blundell Richard and Bond Stephen,"Initial Conditions and Moment Restrictions in Dynamic Panel Data Models", *Journal of Econometrics*, Vol.87,No.1, November 1998.

Borensztein E.,Cregorio J.De. and Lee J-W.,"How Does Foreign Direct Investment Affect Economic Growth?", *Journal of International Economics*, Vol.45,No.1,June 1998.

Bosworth Barry.P.,Collins Susan.M.and Reinhart Carmen.M.,"Capital Flows to Developing Economies: Implications for Saving and Investment", *Brookings Papers on Economic Activity*, Vol.1999,No.1,1999.

Buckley Peter J.,Casson Mark, *The Future of Multinational Enterprise*, London:Macmillan,1976.

Caves Douglas.W.,Christensen Laurits R.and Diewert W.Erwin,"The Economic Theory of Index Numbers and the Measurement of Input,Output,and Productivity", *Econometrica:Journal of the Econometric Society*, Vol.50,No.6,November 1982.

Caves Richard.E.,"Multinatioonal Firms,Competition and Productivity in Host Countries Markets", *Economics*, Vol.41,No.162,February 1974.

Chambers Robert.G.,Fare Rolf and Grosskopf Shawna,"Productivity Growth in APEC Countries ", *Pacific Economic Review*, Vol.1,No.3,December 1996.

Che Yi.,Lu Yi,Tao Zhigang and Wang Peng,"The Impact of Income on Democracy Revisited", *Journal of Comparative Economics*, Vol.41,No.1,February 2013.

Chenery Hollis.B.,Strout Alan.M.,"Foreign Assistance and Economic Evelopment", *American Economic Review*, No.56,September 1966.

Cheng Leonard K.and Kwan Yum K.,"What are the Determinants of the Location of Foreign Direct Investment? The Chinese Experience", *Journal of International Economics*, Vol.51,No.2,August 2000.

Choong Chee-Keong.,Yusop Zulkornain.,Soo Siew-choo,"Foreign Direct Investment,Economic Growth and Financial Sector Development: A Comparative Analysis", *ASEAN Economic Bulletin*, Vol.21,No.3,December 2004.

Chudnovsky Daniel and Lopez Andres,"TNCs and the Diffusion of Environmentally Friendly Technologies to Developing Countries", *Copenhagen Business School Cross Border Environmental Management Project*, No.9.

August 1999.

Chung Y.H.,Fare R. and Grosskopf S.,"Productivity and Undesirable Outputs: A Directional Distance Function Approach", *Journal of Environmental Management*, Vol.51,No.3,November 1997.

Coe David.T., Helpman Elhanan and Hoffmaister Alevander W.,"North-South R&D Spillover", *The Economic Journal*, Vol.107,No.440,January 1997.

Coe David.T., Helpman Elhanan,"International R&D Spillovers", *European Economic Review*, Vol.39,No.5,May 1995.

Coelli Tim,Lauwers Ludwig.,Van Huylenbroeck Guido,"Formulation of Technical,Economic and Environmental Efficiency Measures that are Consistent with the Materials Balance Condition", CEPA Working Paper Series,January 2005.

Cohen Wesley.M.and Levinthal Daniel.A.,"Innovation and Learning:The Two Faces of R&D", *The Economic Journal*, Vol.99,No.397,September 1989.

Cooper William.W., Seiford Lawrence.M.and Tone Kaoru, *Data Envelopment Analysis: Comprehensive Text with Models, Applications, References and DEA-Solver Software(2nd Edition*, London: Kluwer Academic Publishers, 2007.

Deng Ziliang,Falvey Rod and Blake Adam,"Trading Market Access for Technology?Tax Incentives,Foreign Direct Investment and Productivity Spillovers in China", *Journal of Policy Modeling*, Vol.34,No.5,September–October 2012.

Djankov Simeon and Hoekman Bemard,"Foreign Investment and Productivity Growth in Czech Enterprises", *The World Bank Econmic Review*,Vol.14,No.1,January 2000.

Du Luosha,Harrison Ann,Jefferson Gary H.,"Testing for Horizontal and Vertical Foreign Direct Investment Spillovers in China 1998-2007", *Journal of Asian Economics*, Vol.23,No.3,June 2012.

Dunning John H..*Trade,Location of Economic Activity and the Multinatioonal Enterprise: A Search for an Eclectic Approach*, New York:Holmes&Meier,1977.

Eskeland Gunnar S.and Harrison Ann. E.,"Moving to Greener Pastures?

Multinationals and the Pollution Haven Hypothesis", *Journal of Development Economics*, Vol.70,No.1,February 2003.

Fare Rolf.,Grosskopf Shawna and Pasurka Jr Carl A.,"Environmental Production Functions and Environmental Directional Distance Functions", *Energy*, Vol.32,No.7,July 2007.

Fare Rolf.,Grosskopf Shawna,Lovell C.A.K and Pasurka Carl,"Multilateral Productivity Comparisons When Some Outputs are Undesirable: A Nonparametric Approach", *The Review of Economics and Statistics*,Vol.71,No.1,February 1989.

Fare Rolf.,Grosskopf Shawna and Pasurka Jr Carl A.,"Accounting for Air Pollution Emissions in Measures of State Manufacturing Productivity Growth", *Journal of Regional Science*,Vol.41, No.3,February 2001.

Fare Rolf.,Grosskopf Shawna, *New Directions:Efficiency and Productivity*, Boston, MA:Springer Science+Business Media, Inc., 2005.

Feder Gershon,"On Exports and Economic Growth", *Journal of Development Economics*,Vol.12, No.1-2, February–April 1983.

Feng Guohua and Serletis Apostolos,"Undesirable Outputs and A Primal Divisia Productivity Index Based on the Directional Output Distance Function", *Journal of Econometrics*,Vol.183,No.1, November 2014.

Frankel Jeffrey.A.,"The Environment and Globalization",NBER Working Paper, December 2003.

Fukuyama Hirofumi and Weber William L.,"A Directional Slacks: Based Measure of Technical Inefficiency", *Socio-Economic Planning Sciences*, Vol.43,No.4,December 2010.

Girma Sourafel,Greenaway David and Wakelin Katharine,"Who Benefits from Foreign Direct Investment in the UK", *Scottish Journal of Political Economy*, Vol.48,No.2, May 2001.

Girma Sourafel.,Gong Yundan,"FDI,Linkages and the Efficiency of State-Owned Enterprises in China", *Journal of Development Studies*, Vol.44,No.5,February 2008.

Globerman Steven,"Foreign Direct Investment and 'Spillover' Efficiency Benefits in Canadian Manufacturing Industries ", *The Canadian Journal of*

Economics, Vol.12,No.1,February 1979.

Gollop Frank.M.and Roberts Mark J.,"Environmental Regulations and Productivity Growth:The Case of Fossil-Fueled Electric Power Generation", *Journal of Political Eonomy*, Vol.91, No.4,August 1983.

Gorg Holger and Greenway David,"Much Ado about Nothing? Do Domestic Firms Really Benefit from Foreign Direct Investment?", *The World Bank Research Observer*, Vol.19,No.2,Autumn 2004.

Gray Wayne B.and Shadbegian Ronald J.,"Pollution Abatement Costs, Regulation and Plant-Level Productivity",NBER Working Paper,January 1995.

Griffith Rachel.,Harrison Rupert.,Van Reenen John,"How Special is the Special Relationship?Using the Impact of U.S. R&D Spillovers on U.K.Firms as a Test of Technology Sourcing", *American Economic Review*, Vol.96,No.5,December 2006.

Grossman Gene M.and Krueger Alan B.,"Environment Impacts of a North American Free Trade Agreement",NBER Working Paper,No.3914,November 1991.

Guellec Dominique and Bruno van Pottelsberghe de la Potterie,"R&D and Productivity Growth Panel Data Analysis of 16 OECD Countries", *OECD Economic Studies*, Vol.2001,No.2,January 2003.

Haddad Mona and Harrison Ann,"Are There Positive Spillovers from Direct Foreign Investment? Evidence from Panel Data for Morocco", *Journal of Development Economics*, Vol.42,No.1, October 1993.

Hailu Atakelty and Veeman Terrence S.,"Environmentally Sensitive Productivity Analysis of the Canadian Pulp and Paper Industry,1959-1994:An Input Distance Function Approach", *Journal of Environmental Economics & Management*, Vol.40,No.3,November 2000.

Hansen Bruce E.,"Threshold Effects in Non-dynamic Panels: Estimation, Testing and Inference", *Journal of Econometrics*, Vol.93,No.2,December 1999.

Henderson J.Vernon and Wang Hyoung Gun,"Urbanization and City Growth: The Role of Institutions", *Regional Science and Urban Economics*, Vol.37,No.3,May 2007.

Hermes Niels and Lensink Robert,"Foreign Direct Investment,Financial Development and Economic Growth", *The Journal of Development Studies*, Vol.40,No.1,February 2003.

Hilton F.G.Hank and Levinson Arik,"Factoring the Environmental Kuznets Curve: Evidence from Automotive Lead Emissions", *Journal of Environmental Economics and Management*, Vol. 35,No.2,March 1998.

Hymer Stephen H., *The International Operations of National Firm: A Study of Direct Foreign Investment*, Cambridge,Mass:MIT Press,1960.

Jacobs Jane,"Strategies for Helping Cities", *American Economic Review*, Vol.59,No.4,September 1969.

Javorcik Beata Smarzynska,"Does Foreign Direct Investment Increase the Productivity of Domestic Firms?In Search of Spillovers through Backward Linkages", *American Economic Review*, Vol.94,No.3,June 2004.

Keller Wolfgang and Yeaple Stephen R.,"Multinational Enterprises,Internaional Trade and Productivity Growth:Firm Level Evidence from the United States", *Review of Economics and Statistics*, Vol.91,No.4,November 2009.

Keller Wolfgang."Are International R&D Spillovers Trade-Related: Analyzing Spillovers Among Randomly Matched Trade Partners", *European Economic Review*, Vol.42,No.8, September 1998.

Keller Wolfgang,"International Technology Diffusion", *Journal of Economic Literature*,Vol.42,No.3, September 2004.

Kinoshita Yuko,"R&D and Technology Spillovers via FDI Innovation and Absorptive Capacity", *SSRN Electronic Journal*, November 2000.

Klette Tor Jakob,"R&D,Scope Economies,and Plant Performance", *The RAND Journal of Economics*, Vol.27,No.3,Autumn 1996.

Kugler Maurice,"Spillovers from Foreign Direct Investment:Within or between Industries?", *Journal of Development Economics*, Vol.80,No.2,August 2006.

Kumar Surender,"Environmentally Sensitive Productivity Growth:A Global Analysis Using Malmquist-Luenberger Index", *Ecological Economics*, Vol.56,No.2,February 2006.

Letchumanan Raman and Kodama Fumio,"Reconciling the Conflict between the 'Pollution-Haven' Hypothesis and an Emerging Trajectory of International Technology Transfer", *Research Policy*,Vol.29,No.1,January 2000.

List John.A.and Co Catherine Y.,"The Effects of Environmental Regulations on Foreign Direct Investment", *Journal of Environmental Economics and Management*, Vol.40,No.1,July 2000.

Liu Zhiqiang,"Foreign Direct Investment and Technology Spillovers:Theory and Evidence", *Journal of Development Economics*, Vol.85,No.1-2,February 2008.

Loo Frances.Van,"The Effect of Foreign Direct Investment on Investment in Canada", *Review of Economics and Statistics*, Vol.59,No.4,November 1977.

Lucas Jr Robert E.,"On the Mechanics of Economic Development", *Journal of Monetary Economics*, Vol.22,No.1,July 1988.

Macdougall G.D.A.,"The Benefits and Costs of Private Investment from Abroad: A Theoretical Approach", *Economic Recod*, Vol.36,No.73,March 1960.

Mansfield Edwin.,Schwartz Mark and Wagner Samuel,"Imitation Costs and Patents: An Empirical Study", *Economic Journal*, Vol.91,No.364,December 1981.

Markusen James.R.and Venables Anthony J., "Foreign Direct Investment As a Catalyst for Industrial Development", *European Economic Review*, Vol.43,No.2,February 1999.

Mohtadi Hamid,"Environment, Growth and Optimal Policy Design", *Journal of Public Economics*, Vol.63,No.1,December 1996.

Narula Rajneesh and Dunning John H.,"Multinational Enterprises, Development and Globalization: Some Clarifications and a Research Agenda", *Oxford Development Studies*, January 2010.

Oh Dong-hyun,"A Global Malmquist-Luenberger Productivity Index", *Journal of Productivity Analysis*, Vol.34,No.3,December 2010.

Pittman Russell W.,"Multilateral Productivity Comparisons with Undesirable Outputs", *Economic Journal*, Vol.93,No.372,December 1983.

Porter Michael E and Linde Claas Van der,"Toward a New Conception of the Environment Competitiveness Relationship", *Journal of Economics Perspectives*, Vol.9, No.4, Autumn 1995.

Reinhard Stijn, Lovell C.A.Knox and Thijssen Geert, "Environmental Efficiency with Multiple Environmentally Detrimental Variables: Estimated with SFA and DEA", *European Journal of Operational Research*, Vol.121, No.2, March 2000.

Romer Paul. M., "Increasing Returns and Long-run Growth", *Journal of Political Economy*, Vol.94, No.5, October 1986.

Shaik Saleem, Helmers Glenn A. and Langemeier Michael. R., "Direct and Indirect Shadow Price and Cost Estimates of Nitrogen Pollution Abatement", *Journal of Agricultural and Resource Economics*, Vol.27, No.2, December 2002.

Sinani Evis and Meyer Klaus E., "Spillovers of Techoonlogy Transfer from FDI:The Case of Estonia", *Journal of Comparative Economics*, Vol.32, No.3, September 2004.

Song Ligang and Woo Wing Thye, *China's Dilemma: Economic Growth, the Environment and Climate Change*, ANU Press, 2008.

Stokey Nancy L., "Learning by doing and the Introduction of New Goods", *Journal of Political Economy*, Vol.96, No.4, August 1988.

Telle Kjetil and Larsson Jan, "Do Environmental Regularions Hamper Productivity Growth? How Accounting for Improvements of Plants'Environmental Performance Can Change the Conclusion", *Ecological Economics*, Vol.61, No.2-3, March 2007.

Tobler W.R., "A Computer Movie Simulating Urban Growth in the Detroit Region", *Economic Geography*, Vol.46(supplement), June 1970.

Tone Kaoru, "A Slacks-based Measure of Effceiency in Data Envelopment Analysis", *European Journal of Operational Research*, Vol.130, No.3, May 2001.

Vernon Rayond, "International Investment and Internaional Trade in the Product Cycle", *The Quarterly Journal of Economics*, Vol.80, No.2, May 1966.

Walter Ingo and Ugelow Judith L., "Environmental Policies in Developing Countries", *Ambio*, Vol.8, No.2-3, 1979.

Wang Hua and Jin Yanhong, "Industrial Ownership and Environmental

Performance: Evidence from China", *Environmental and Resource Economics*, No.36,December 2006.

Watanabe Michio and Tanaka Katsuya,"Efficiency Analysis of Chinese Industry:A Directional Distance Function Approach", *Energy Policy*, Vol.35, No.12,December 2007.

Xu Bin,"Multinational Enterprises,Technology Diffusion and Host Country Productivity Growth", *Journal of Development Economics*, Vol.62,No.2,August 2000.

Yang Jun,Zhang Tengfei,Sheng Pengfei and Shackman Joshua D.,"Carbon Dioxide Emissions and Interregional Economic Convergence in China", *Economic Modelling*, Vol.52,Part B,January 2016.

Yao Shujie and Wei Kailei,"Economic Growth in the Presence of FDI:The Perspective of Newly Industrialising Economies", *Journal of Comparative Economics*, Vol.35,No.1,March 2007.

Yoruk Baris K. and Zaim Osman,"Productivity Growth in OECD Countries: A Comparison with Malmquist Indices", *Journal of Comparative Economics*, Vol.33,No.2,June 2005.